Art
Thinking

アート思考

ビジネスと芸術で人々の幸福を高める方法

秋元雄史
AKIMOTO YUJI

プレジデント社

はじめに――アートはビジネスに役立つのか？

ビジネスパーソンにアートに対する興味が生まれているから、その間をつなぐ本が書けないか、と編集者から依頼を受けました。アートに関心を持つ方が増えているのは喜ばしいことだと思っています。

実際、私のもとにも、アーティストの創造性を経営やビジネスに活かしたいという相談をいただく機会が増え、講演ばかりか、経営層たちとの交流も増えています。

やはりビジネスの現場では、数字やデータに重きを置きがちですが、経営者からのお話を伺うと、常日頃の経営において、「見えること」に囚われてしまい、どこか限界を感じているように思います。そこで「見えないこと」をアートから学び、アーティストのような感性を得ることで限界突破を望まれるということではないかと思います。

しかし、私がその度に思うのは、どんな角度から考えても、「アートとビジネスはまったく異なる」。これが正直な感想です。

本文でも十分に伝えているつもりですが、アートとビジネスの発想の起点は大きく異なり、永遠に交わることはないかもしれないということです。

冒頭からさぞかし、がっかりした方もいらっしゃるかもしれません。

逆に捉えれば、ここがアートとビジネスの関係の面白さと言えるでしょう。

アートもビジネスも、それぞれまったく性質が異なっていますが、そう言いながらも同じ人間が求めるものであり、根本的に共通する部分もあるように思います。案外、深いところの本質と呼ばれる場所で共感が起こるのではないでしょうか。

それが〝優れた〟と形容されるビジネスとアートについての共通点になります。共に、人々を幸福にするために追求されるものでしょう。

さて私自身、ビジネスの現場とはまったく無関係に仕事をしてきたわけではありません。日頃は、現代アートを仕事にしていますが、過去を振り返ってみても、いつもビジネスとアートの境界で葛藤してきたように思います。

一九九〇年代、直島アートプロジェクトの草創期のベネッセ時代。今では世界的なアートスポットとして欧米人を中心に世界中の人々が訪れる場所になりましたが、民間事業であっただけに、初期段階ではアートの経済的な価値を経営層に理解してもらうのに苦心しました。
また、二〇〇七年以降、金沢では、規模が縮小著しい伝統産業・工芸を振興する目的で、国際展やアートフェアの立ち上げを行い、工芸を活用したまちづくりと地方経済の活性化に携わってきました。こちらも文化と経済の間で微妙な調整に苦労しました。これら直島、金沢での経験が、私の現在の糧となったような気がしています。

欧米の美術館の館長は、「MBA（経営学修士）」を取得している人が多くいますが、これは今や珍しいことではありません。もちろん美術史、美学、哲学などのアートに必須の学問を修めていて、それに加えて、という意味です。それほど欧米ではアートが経済と結びついているのです。

アートマーケットも然りです。大きなお金が動きます。例えば、ダミアン・ハーストというイギリスの現代アーティストは、ホルマリン漬けのサメや羊の作品で有名ですが、その彼が一回のセールで二一八点の作品を販売し、一億一一〇〇万ポンド（約一五〇億円）を売り上げました。

また現存アーティストで、現代アート部門のオークションで最高額を叩き出したジェフ・クーンズの作品は、一点が九一〇七万五〇〇〇ドル（約一〇〇億円）です。

一見、まったくお金と無関係に見えるアートが、それどころか、なぜこのような桁違いの金額になるのか？ また、アートはいったい何を売っているのか？ 人は何に共感しているのか？ 普段接しているビジネスと構造があまりに違うので、かえって興味を持たれるのではないかと思います。

人間の感性や感情、価値観というものがビジネスになるというのは、すぐには納得できないかもしれませんが、現代のビジネスの中に知らず知らずに入り込んできているのが、このような感性による価値なのではないでしょうか。

アップルの創業者スティーブ・ジョブズは、文字のアート、カリグラフィーを学んでいたことで知られています。旧米ヤフー（現アルタバ）の元CEO、マリッサ・メイヤーが影響を受けたのは画家である母親でした。

iPhoneの使い勝手のよさは単なる機能への共感ではなく、むしろ感覚的なもの、感性的なものに対しての共感なのではないでしょうか。これまでビジネスとは無縁と思われてきた「直感」や「感性」が大きく寄与しているといえるかもしれません。

あらゆる製品やサービスの中に、「感性的」「感覚的」な領域が入り込んでいるのが、今の時代です。

実際、どんな分野においても、感性や直感で得られた満足というものが大きなウェイトを占めつつありますが、一方で、それを完璧にノウハウ化したりマニュアル化したりすることはできないのではないでしょうか。

大女優の魅力的な演技や熟練した技術者、卓越したスポーツマンのパフォーマンスを再現することが不可能なように、天才アーティストのつくり出すアートはさらに再現不可能なのです。しかしだからこそ、この貴重な〝一回のできごと〟〝オリジナリティ〟が価値を生むのです。

本書では、感性や直感という言葉で片付けられがちなこういった内容に、あえて正面から取り組んで解き明かしていきます。つまり、「アート思考」とは何なのか？　という疑問に答えるのが狙いです。

また「現代アート」を通じて、アート思考を訓練する方法も提案してみました。

現代アートを束の間の楽しみだけで終わらせるのではなく、アートを楽しむ幅を広げ、アートという媒体（メディア）を通じて、現代社会を考える力を養うという大胆なことにもチャレンジしてみます。

現代アートは、感性や直感というものだけでできているわけでなく、観念的な世界とも結びついており、社会や政治とも深く関わります。

先般の現代アートの国際展「あいちトリエンナーレ」の一部をなす「表現の不自由展・その後」が開催数日で中止に追い込まれました。「表現の自由」を阻害する動きとして問題になりました（本文は、二〇一九年八月三一日に書かれました。同展の状況が変化しているために、念のため執筆時期を明記しました）。

この展覧会は、これまでも何らかの理由で展示不許可になった作品を集めて、改めて展示構成したものです。その中には、キム・ソギョン、キム・ウンソン共作の慰安婦像として知られる《平和の少女像》も含まれています。展覧会の企画者は、芸術監督の津田大介で、タイトルが示すとおり「表現の自由」について言及するものでした。

現代アートの中には、政治的なスタンスを明確にして表現するアートも存在します。ぎりぎりまで政治に接近して表現の問題を人間存在と絡めて問うのです。

日本では馴染みが薄いですが、ヨーロッパや中国にはかなり激しい表現も存在します。ただアーティストたちは、イデオロギーの表明としてだけでなく、アート表現として作品を提示します。当然アートとして解釈されなければならないのです。

文中にも書きましたが、それは単なるイデオロギーではないのです。アートは政治そのものではありません。ましてや、アートが政治的であることがあっても、政治に飲み込まれてはいけません。

アートの持つ政治的、言語的な側面に触れるために、この傾向を持つアートがどのようにして誕生し、どんな展開をしてきたかについても簡単に触れています。

これまで一般的には興味を持たれることのなかった現代アートがひとつの事件をきっかけにして社会問題化し、ネット社会を通じて広まります。実際に展示など見ていなくても、ただ思いつくままに意見を言い募り、さして対話が深まることもないまま、あるときに炎上する。コミュニケーションの場はいくらでもあるはずですが、出てくる意見は紋切り型のものばかりです。

アートは本来自由な対話の場を確保し、諦めることなく対話を深めていくためにあるはずで、理想的なアートの場所というのはそういう「自由な、交流の場」のことです。

自らのスタンスを明確にしていくのに苦労する時代です。また、ビジネスの場においても個性的な製品やサービスを展開するのに苦労する時代でしょう。独自に生きることがたいへんな時代です。

アーティストたちは、そんな中でも強く生き、表現していきます。なぜ優れたアーティストたちは孤独でもあんなにタフなのだろうか？　人としての強さはどこから来るのか？　そして、この厳しい社会をサバイブする真の感性、知性とは何か？　アーティストのようなものの感じ方や考え方ができるようになるためのトレーニングは何をすべきなのか？　また、本書を通じて、アートとは何のために存在するのか？　も理解できるように書きました。

アートとビジネスの現場で、私が見て、触れて、感じてきたことをビジネスパーソンに活かしていただくような内容を整えてみました。単なるアート鑑賞を推奨する本ではありません。アートを生活に活かす知恵をお伝えできればと思っています。

孤独に生きるアーティストのサバイバル術が、今の時代を強く生き抜くビジネスパーソンの皆さんの、参考になればと願っています。

二〇一九年　夏の終りに

秋元　雄史

アート思考——ビジネスと芸術で人々の幸福を高める方法　目次

第2章 アートとビジネスの交差点 68

第5章 現代アート鑑賞法 208

付録

注目すべき現代アーティストたち 256

第1章 すべては「問い」から始まる

【この章を読み解くためのキーワード】

問いを立てる力／常識からの逸脱／思考の飛躍／最先端の思考と感性の技術／アフォーダンス

洞察力とユニークな視点

なぜビジネスパーソンは、アートを学んだほうがいいのでしょうか？

本書をお読みいただくことで、アートとビジネスの驚くべき関係性がわかると思います。

アートは、アーティストたちの自由な発想により無限に拡大してきました。それと同様に私たちが生きる社会も産業や科学の発展により無限に拡大しています。我々人間にとってアートも社会も、時代の発展とともに変化し、広がっているのです。

アートはビジネスの世界から見れば遠い存在に思えますが、人間の営みという高みから俯瞰して見れば、少なからず共通点が浮かび上がってきます。

特に今のような不透明な時代においては、常識にとらわれないアートからのアプローチによって物事を捉え、ときに見直すことで、思わぬ解決策や新たな道が開かれるでしょう。

また、そこまでいかないまでも、幅広くアートの知識を得ることで、これまでと違う見方で社会の状況や人間の内面の変化について、学ぶことができるはずです。同時に私たちはアートを通じて、自分とは違う世界のありようを想像できるようにもなります。

ビジネスの世界では、これまで「ロジカル・シンキング（論理的思考）」や「クリティカル・シンキング（批判的思考）」がもっとも重視されてきましたが、それだけでは解決できない問題が増え続けています。例えば、資本主義自体のあり方や環境破壊、人種差別や民族紛争など、社会が進化し、テクノロジーが発達しても、社会を覆う問題は山積みです。

このように多くの社会問題を漠然と抱えながら、何が原因で、何が課題なのかも見つけづらい状況が増えています。

事業を通じて社会の課題に答え、問題を解決していくビジネスの世界も、こういった社会問題から無関係でいることはできません。これまで以上に、広い視野が求められ、社会正義に則ったビジネスへの姿勢が求められるでしょう。私のもとにも、アーティストが思考する方法に興味を持つ方々から、講演や取材などのお声がかかることが多くなっています。

本書でお伝えするのは、単なる問題解決にとどまりません。アーティストのように思考し、イノベーティブな発想を得るための感性を鍛える具体的な方法をお伝えします。

つまり、旧来の思考法とは異なるオルタナティブな発想としての「アート思考」を身につけていくための方法論です。

「今、何が問われているのか?」「課題は何なのか?」を探っていくための思考法をアートから得ていくためには、どうすればいいでしょうか。

私が館長を務めた、直島の地中美術館と金沢21世紀美術館の両方に作品が展示されているアメリカ人アーティスト、ジェームズ・タレルは「アーティストとは、答えを示すのではなく、問いを発する人である」と述べています。

これからの時代に求められるのは、答えを引き出す力以上に「正しい問いを立てることができる洞察力とユニークな視点」です。

今後、人工知能やロボット、あるいはブロックチェーンといった最新のデジタル・テクノロジーが私たちの働き方や生活を大きく変えていくでしょう。

そのような時代だからこそ、改めて人間のあり方を根本から考えて、将来に向けていかにあるべきかを構想してビジネスを組み立てていくことが求められています。

特に、現代アートは、「現在の人間像について多角的に考えて、未来に向けて、さらなる可能性を持つ新たな人間像を求め、人間の概念を拡大することに挑戦する試み」であるということができます。そう考えると現代アートの思考法には、新しいことに挑戦し、クリエイティブな発想を展開したいと考えるビジネスパーソンにとっても非常に可能性があると思われます。


今日のアートは、旧来のような人間の内面世界を表現するだけのものでなく、テクノロジーやデザインと結びつき社会的な課題に新たな提案を行う、あるいは、現代思想と結びつき次の時代の社会のあり方を構想するといった思考実験の場所でもあるのです。感性に訴えかけると同時に、ロジカルに伝えるコミュニケーション・ツールとして、実社会においても、新たな価値の創造に寄与する存在でもあります。

その出発点となるアート思考は、現状を打開するため、従来とは異なるステージで活躍するために、必要不可欠な視点となります。

アート思考の本質

最近のアート教養ブームで、オフィスにアート作品を飾り、美術館やギャラリーに足を運ぶ経営者やビジネスパーソンが多くなったように思います。この流れは、アートの魅力を再確認するいい機会にもなっています。実際、知識、教養としてのアート以上に、アートを通じて自分を磨き、本来、人間が持つ感性や感覚といった自身のポテンシャルを引き出すことが大切で、自らの未知の可能性を引き出す方法につながります。

しかしながら、注意しておくべき点があります。アートやアーティストから学びを得られることは数多くありますが、基本的には、ビジネスとアートは大きく異なっているのです。アーティストは経済的に成功したからといって、アートが成功したとは、考えません。ビジネスであれば、売上金額や利益、時価総額などの指標を目安にしなければ、会社経営はできないでしょう。つまりビジネスにおいては、「儲かることが成功である」という基準が成り立ちます。

しかし、アートに求められるのは、経済的・社会的成功ではなく、やむことなき自己探求をし続けることです。社会に対する問題提起、つまり新たな価値を提案し、歴史に残るような価値を残していけるかどうかという姿勢を極限まで追求することが、アーティストの願望なのです。

このように、到達地点が異なるビジネスとアートは一見、まったく異なる世界ですが、ビジネスに関わる人にとって、なぜアートを学ぶべき価値があるといえるのでしょうか。

それは、人間社会の課題が広く、深くなっていく時代において、ビジネスの課題の立て方（ビジネスモデル）も広く、深いものでなければ、息の長いビジネスとして存続できないのではないかと、私は考えるからです。

昨今、アーティストのように思考する「アート思考」が注目を浴びていますが、正直なところアート思考の本来の意味が間違って解釈されているために、アーティストの本来の能力が低く見積もられていることに強い懸念を感じています。

本書において、アーティストとは何なのか？　アートとは何なのか？　をひもときながら、ビジネスパーソンが学ぶべき「アート思考」の本質をお伝えできればと思います。

決して、正解が存在するわけではありませんが、私が直島時代からお付き合いしてきた世界的アーティストたちに共通する見方やアートに対する姿勢も含めて、ご紹介することで、世界の第一線で活躍し続けるアーティストの思考を少しでもお伝えできればと考えています。

イノベーティブな発想とアート

ビジネスパーソンが、アーティストの創造性やものの見方を学んだからといって、すぐに彼らのような感性や思考法が身につくわけではありませんが、人生のどこかで行き詰まったとき、常識的ではない別の観点・視点で考えたいときに、アートはきっと役に立ちます。

なぜなら絵を描くことや見ることといった芸術体験は、一種の「常識からの逸脱行為」だからです。アートはどこか常識を破ったところにあるものであり、その時代の合理性や論理だけでは測ることができないものです。我々は知らず知らずのうちに、常識にとらわれていますが、アーティストはそれらを軽々と乗り越えていきます。

ビジネスにおけるイノベーションもまた、そのような「常識からの逸脱行為」によって、生まれてくるものではないでしょうか。

そもそも「アートはビジネスにとって有用なのか？」といった問いが投げかけられる時点で、日本におけるアートの位置づけが、いかに特殊なものなのかがわかります。対照的に、欧米ではビジネスエリートたちにとって、アートはきわめて身近にある存在です。

単に文化的な教養としてのアートというだけの領域にとどまりません。ある経営者にとっては、経営哲学を学ぶ場所であったり、自らの創造性を飛翔させ、さらに磨きをかけるための対象であったりするのです。

イノベーティブな発想をするビジネスパーソンであれば、アートとの相性はいいはずです。ビジネスパーソンもアーティストと同様にクリエイティブな発想で仕事をすることが、仕事における新たな領域を切り開いていく上では必要だからです。

デザイン思考とアート思考

ここで、アート思考について考える前に、まずは、デザイン思考について考えてみます。この二つは、まったく異なる手法です。

まず、デザイン思考とは何か？　を整理しておきましょう。

デザイン思考とは、一九八七年に建築家ピーター・ロウが、その著書『*Design Thinking*』（邦題『デザインの思考過程』／鹿島出版会）において、はじめて著作物のタイトルに採用して登場したものです。

ロウのデザイン思考は、建築家あるいは都市計画立案者によって利用されてきた問題解決プロセスをシステム思考に基づいて説明をしようとするものでした。その後、一九八〇年代から九〇年代にかけて、スタンフォード大学教授のデビッド・ケリーらにより、デザイン思考は「デザインを通じて人間の困難な課題を扱うもの」だとの見解が打ち出され、ビジネスへの応用が唱えられ始めます。

つまりデザイン思考は、顧客の抱える問題を解決に導くためのもので「自分がどうしたいか」ではなく、「顧客のベネフィットのためにはどうすればよいか」を考えるものです。

この思考は非常に合理的で、有益であると感じる方も多いと思います。また、時間を一番大事なものとして捉える現代に合致した効率的な発想で、特に製品の改良や改善では大事な手法です。しかし、このように考えるとき、人の思考はより論理的なものになってしまうことを忘れてはいけません。論理的であるというのは大事なことですが、論理的に考える限りは、人間の思考や創造には制限がかかり、イノベーティブな発想は得られないというジレンマに陥ってしまう危険性があるからです。

ジョン・マエダの提言

　デザイン思考がユーザーにとっての最適解を得るための「課題解決」型の思考であるのに対して、アート思考は「そもそも何が課題なのか」という問題をつくり出し、「何が問題なのか」といった問いから始めるのが、特徴です。

　シアトル在住の日系アメリカ人のグラフィックデザイナーで、デザインとテクノロジーの融合を追求する第一人者、ジョン・マエダがある雑誌のインタビューに答えたときの言葉が印象的です。

「いま、イノヴェイションはデザイン以外のところで生じる必要がある。それを簡単にいうと、アートの世界ということになる。デザイナーが生み出すのが『解決策（答え）』であるのに対し、アーティストが生み出すのは『問いかけ』である。

アーティストとは、他の人間にとってはまったく意味をもたない大義、けれども自分にとってはそれがすべてという大義を追求するために、自分自身の安寧や命さえ捧げることもめずらしくない人種である」（『WIRED』二〇一二年）

　実は、ジョン・マエダが提言するようなことが、最近デザインの世界でも起こり始めています。スペキュラティブ・デザイン（未来のシナリオをデザインし、違った視点を提示するデザイン）という概念が注目され、「問題を解決する」ことから「問題を提起する」デザインが提唱され始めているのです。

世の中の問題解決をするデザイナーの時代から、自分だけが信じる主観的な世界を世の中に問いかけていく問題提起型のアーティストの時代に変わろうとしています。今これが、答えが見えない時代における、デザインの潮流になりつつあるという現実を知っておくべきです。

シカゴ美術館付属美術大学での〝ある実験〟

すでに一九六〇年代半ば「正しい問いを立てること」の重要性は、シカゴ大学の社会科学者ジェイコブ・ゲッツェルスとミハイ・チクセントミハイが、近くのシカゴ美術館付属美術大学の四年生、四〇人弱を被験者とした実験により指摘されています。

まず学生たちを大きなテーブルが二つ置かれたスタジオへ連れて行きます。片方のテーブルには、奇抜なものから平凡なものまで、絵画の授業でよく使われる静物画の材料が二七個置いてあります。チクセントミハイは学生に、その中からいくつでも好きなものを選んで、もう片方のテーブルに配置して静物画を描くように指示しました。すると若い芸術家たちの取り組み方は、二つに分かれたのです。

一方の学生たちは、少数の材料を検証して、絵の構想を素早く組み立て、すぐに静物画に取りかかりました。逆に、いくつもの材料を手に取って、ああでもない、こうでもないと何度も配置を直し時間をかけて絵の構想を練り、それが決まってからやっと静物画に取りかかった学生もいました。

チクセントミハイによれば、前者の学生は、問題を「解決」しようとする、モチーフの並びよりも、絵の描き方を問題にして、どうしたらいい絵を描けるだろうかと考えたグループでした。一方、後者の学生は、絵の構想そのものに時間をかけ、自分が納得するまでモチーフを並べ直す、つまり、絵をうまく描くかどうかではなく、どのように自分が望む世界を提示できるのかを与えられたモチーフから探していた、もしくは発見しようとしていたグループでした。後者は、個々の学生が抱く「自分らしさ」という問題を「発見」しようとしていたといえないでしょうか。

その後、チクセントミハイは小さな美術展を開き、美術専門家に学生たちの作品の評価を依頼したところ、問題提起タイプの学生の作品のほうが、問題解決タイプの学生の作品よりもはるかにクリエイティブであるとの評価が、下されたのです。

さらに卒業して、社会人となっていた被験者の学生たちを追跡調査して、生活の実態を調べてみました。すると、半数は美術の世界とは縁が切れていましたが、もう半数はプロの芸術家として仕事をしていて、そのほぼ全員が問題提起タイプだったのです。

このことからシカゴ大学の社会科学者二人は、自ら「問い」をつくり出す力こそ、作品の創造性やオリジナリティと相関すると結論づけました。

荒廃した未来における水筒をデザインする

本質的な問いを立て、新たなイノベーションを起こす試みは、すでにアートの世界で行われています。二〇一二年、ヴェネチア・ビエンナーレと並ぶ世界規模の大規模国際展「ドクメンタ13」に、デザイン・エンジニアリング集団、タクラム（Ｔａｋｒａｍ）が出展した作品〝Shenu:Hydrolemic System〟は、その典型例です。この作品は「荒廃した未来における水筒をデザインする」という課題に対する答えとして、タクラムが考えたものですが、タクラムが制作したのは、高機能な水筒などではなく、人工臓器を中心とするプロダクト群でした。

タクラムが考案した作品の一群は、水の逸失を抑えるために連携して機能する仕組みで、この人工臓器を持つ者は、持たない者に比べ、水の摂取が制限できるようになっています。つまり、人体が必要とする水分を極限まで抑え、体内にとどめるためのシステムなのです。

これを、具体的に説明すると「生命維持に最低限必要な栄養分やホルモン、三三一ミリリットルの水分を含んだ飴玉を一日に五粒摂取する」「鼻からの呼気に含まれる水分を結露させ体内に留める鼻腔内器具」「血液の温度を一定に保ち、発汗を抑制するための人工血管」「膀胱内の尿を極限まで凝縮し得られた水分を腎臓に返す膀胱内器具」「大便に含まれる水分を効率的に大腸に吸収させる直腸内器具」となります（「Ｔａｋｒａｍ」ＨＰより）。

人間の身体そのものを水筒にする

では、なぜ「荒廃した未来の水筒をデザインする」課題に対して、「人工臓器」という解答にまで、思考を飛躍させることができたのでしょうか？

ここで、この問いを解説してみます。そうすることで、アートで行われている「問いを立てる」行為の根底になる考え方を理解していただけるのではないかと思うからです。

タクラムは、リサーチと分析を繰り返した結果、水質汚染等により供給可能な水が極端に限られた未来の世界では、現状の延長上にある水筒を考案することは、現実的でないと判断しました。よく考えると、差し迫った環境においては、人間が一日に排泄、排出する水分を極限まで少なくすることで、人体が必要とする水分を少しでも少なくする必要があるのではないかという結論に至ったのです。

「では人体が水分を必要としなくなるためには、どうしたらよいのでしょうか」。その問いが、最終的に人工臓器を含む新しい一連のプロダクト群として結実したのです。

「荒廃した未来に人間が生きるための水分をどう確保すればよいか」という、本質的な問いに対して、高機能な水筒をつくるのではなく、発想を大きく飛躍させ、「人間の身体そのものを水筒にする」というアイデアにすることで、まったく新しい形の人工臓器を提案することができたのです。

このように俯瞰した視点で問いを立てることで、「思考の飛躍」が可能になります。アートは、最先端の思考と感性の技術なのです。この話を聞いて、たかが未来の水筒をデザインするのに、何も人間の身体を改造しなくてもいいのではないかと思う人もいるでしょう。また、人間の身体を変えてしまうという想像力の横暴に対して、倫理的な危機感を感じたり、常識からの逸脱を感じる人もいるかもしれません。

しかし、この提案は一〇〇年後の壊滅的な出来事が起きた後のディストピアな地球を想定したもの（かなりリアルですが）であり、それらに真剣に向き合い、「リサーチと分析を繰り返した結果」のアイデアなのです。こういうものに対して、自由に可能性を検討し、冷静に面白さや弱点を指摘できる遊び心が欲しいものですし、それと同時に倫理的、哲学的にも耐えうる精神を鍛えたいものです。そのためにも自らの心に存在する凝り固まった価値観のリミッターを外すことが、必要になります。

メルセデス・ベンツ「F015」

では、アートによって提示される「問い」は、産業界においてどのような経済的影響を与えるのでしょうか？　その答えを、オーストリアのリンツで毎年九月に開催されている、芸術・先端技術・文化の祭典、メディアアートの世界的なイベントとして知られる「アルスエレクトロニカ・フェスティバル」で見ることができます。

二〇一八年、同フェスティバルに五四カ国から一三〇〇人を超えるアーティストが集結、一二の会場で作品を出展して、過去最大となる一〇万五〇〇〇人が訪れました。メイン会場として利用されるアルスエレクトロニカ・センターには、研究開発機関と美術館の二つの側面があります。様々な専門性を持つ人々が、フューチャーラボと呼ばれる研究開発機関で研究をしたり、個別のテーマを持ったオープンラボと呼ばれる参加型の施設で展示を行いました。

アルスエレクトロニカの研究機関であるフューチャーラボでは、一年を通じてメディアアーティストたちが提起した問題の解決に取り組む様子が見られました。特筆すべきは、ダイムラーとの共同研究が行われ、人と自動運転車とのコミュニケーションのあり方を模索するものでした。

その結果、メルセデス・ベンツの自動運転のコンセプトカー「F015」が完成したのです。「F015」には、自動運転車が人の存在に気づくとレーザーライトで路面に横断歩道をつくる機能が搭載されています。市街地などで道路を渡ろうとする人を検知すると、停車してレーザー光線で前方に横断歩道を描き出し、さらに後方の車に赤い「STOP」の文字を表示して注意を喚起する機能です。そこで歩行者が「お先にどうぞ」というジェスチャーをすると、「F015」は「ありがとう」と反応して再発進するのです。

このように、これまでウィンドウ越しにドライバーが行っていた「お先にどうぞ」のコミュニケーションを、クルマが代わりに行うのです。自動運転が当たり前になるような社会に求められるコミュニケーションとは何か、そんな問いへの答えがこの機能ということです。

NTTも自社が持つ人工知能やメディア処理技術等の最先端テクノロジーと、フューチャーラボのスキルを融合させた、新しいコンセプトの創出や研究の推進を進めていて、二〇二〇年の課題として掲げている「深い感動、新しい体験、おもてなしの提供」を実現することを目指しています。

これはディスプレイを搭載し地上を走るロボット（グラウンドボット）や数千機のドローンによるSwarm（群れ）を使った、公共空間でのナビゲーションや新しいスポーツ観戦を提供するプロジェクトで、二〇二〇年に開催の東京オリンピックで披露される予定です。

アートが社会問題を明確にして、新たな問いを生み出し、その上でテクノロジーが問題を解決する。これらの活動が、すでにアルスエレクトロニカ・センターでは行われていました。

このようにアートが社会問題の解決に寄与し始めているのです。これは言語だけでは説明しきれなくなった現象が急増し、課題が山積する現代社会において、アートの役割が浮き彫りになる出来事です。

「人が見えていない世界」を先取りする

世界中のアーティストたちと接していて実際に驚くのは、彼らが鋭い嗅覚で時代を捉え、思いもよらない発想でアートとして表現しているということです。

私が仕事を一緒にした現代アーティストの中には、そのような作家が数多くいます。その一人、日本の柳幸典は、世界が政治、経済、文化など、様々なレベルでグローバル化し、流動化した九〇年代から二〇〇〇年代の国際社会のイメージを視覚化しています。

柳の「ザ・ワールド・フラッグ・アント・ファーム」という作品は、当時の一〇〇カ国あまりの国々の国旗をモチーフにしています。それぞれの国旗は色のついた砂でつくられ、そこに生きたアリが生息するというものでした。無数のアリは日々巣づくりを繰り返します。しかしながら、そのたびに国旗は形を変え、中には原型を留めないほどに変形した国旗も出てきますが、働くアリたちはそれにはまったく気づかずに動き回ります。この作品を俯瞰して眺める私たちには、国家が崩壊し世界が流動化していくさまが、ユーモアを交えた生きた出来事として映るのです。

現代は、アフリカ諸国のように内戦で国の姿がなくなり大量の難民が生まれる時代でもあれば、グローバリゼーションで国境を越えて人やものが大量に移動する大物流時代にもなっています。柳は、社会変化として実感のなかった時代に、いち早くグローバル化の孕む危うさや緊張を視覚化し、作品化していたのです。

これはほんの一例ですが、柳の時代の変化をいち早く嗅ぎ分けていく直感力とそれらをイメージにしていく力には、驚かされます。今後、ビジネスの世界で重要視されるイノベーションも、そうした常人には思いもよらない発想から生み出されるのではないでしょうか。

私はアーティストのことをよく「炭鉱のカナリア」に喩えますが、彼らはまだ多くの人が見えていないものをいち早くその目で見て、聞こえていないことを聞きながら、言語としては表現しようのないものを形やイメージに置き換えて伝えているのです。

実際に優れたアーティストは、感度のいい野生動物のように時代の変化を肌で感じています。そうしたアーティストの時代感覚は、数十年先取りしていたり早すぎる傾向もありますが、さじ加減を考えればビジネスにもうまく活用することができると思います。

今後はそうしたアーティストのような思考法が、新たな価値を生み出し世界を変えていく原動力になるのではないでしょうか。

新たな価値の創造ということでいえば、まさしく香川県における「直島」がそうでした。直島は三菱マテリアルの製錬所以外とりたてて特徴のない島でしたが、アーティストたちはそれまで価値がないといわれてきた島の風景や町並みに価値を見いだし、それを現代アートの力で前面に押し出すことでさらに価値を高めていったのです。直島が海外から受け入れられている評価のポイントは、まさに美的・文化的価値を生み出した点にあり、海外の文化人はそのオリジナリティと創造性を評価しているのです。

このように「人が見えていない世界」を先取りすることが、オリジナリティを生む発想の原点になっているといえるのではないでしょうか。

アートとサイエンスの関係性

アートとサイエンスの驚くべき関係性もお伝えしたいと思います。水と油のような世界と思われがちなアートとサイエンスについて、お互いにどう共鳴させていくかという事例です。

まず、サイエンスから。ニュートンの万有引力の法則のもとになる「木からリンゴが落ちた」というエピソードは、多くの人にとっては既知の話でしょう。ニュートンは「そもそもなぜ物体が木から落ちるのだろう」と、それまで当然と見なされてきた常識を疑うことで

「常識」を「驚くべき新事実」に変換したのです。

コペルニクスの地動説も、その当時としてはありえない発想でした。しかし、コペルニクスは何かのきっかけで、古代ギリシャのピタゴラス派が唱えていた地動説の事実に気づいた。さらに、地球が太陽の周りを周回しているとする仮説に従い、様々なことを検証していったのです。その結果、地動説ですべて証明できることがわかったのです。

実際のところ、一流の科学者の思考回路は、一流のアーティストのそれと、とても似ています。以前、私は、最先端の科学者とアーティストを引き合わせる会合に出席したことがありましたが、そこで見た光景は、驚くべきものでした。

一見、直感や感性を活かすアーティストと、論理とデータを活かす科学者では、水と油のような関係に見えますが、両者はすぐに意気投合したのです。科学者が言うには、自分たちが普段、当たり前に考えていることをどんなに丁寧に話しても、なかなか一般の人には理解されないが、アーティストは彼らの思考をすぐに理解してくれるというのです。逆に一般的にわかりにくいアーティストの言葉であっても科学者には理解できるのも、両者でイメージを媒介にしたコミュニケーションが存在するからです。

《モナ・リザ》で知られるレオナルド・ダ・ヴィンチは、優れた科学者でもありました。科学とアートには「直感」や「ひらめき」「ビジョン」といった、同じような思考が求められ、それらはイメージを媒介することが多いのです。

アートと科学の親和性が高いという事実は、アメリカで実際にアートを利用して科学を視覚的に捉え、共感してもらえるような形で伝える試みが始まっていることからもわかります。鑑賞者に直感的、感情的な反応をもたらして、言葉では説明しきれないアイデアでもアートを使うことで言葉よりも正しく伝達できるだけでなく、記憶にも残りやすいことがわかったためです。

創造性の研究を専門とする心理学者ミハイ・チクセントミハイの著書『クリエイティヴィティ――フロー体験と創造性の心理学』（世界思想社）の中に次のような記述を見つけました。

「私たちの多くは、音楽家、作家、詩人、画家といった芸術家たちは空想的な側面が強く、科学者、政治家、経営者たちは現実主義者であると、当然のように思っている。日常的な活動に関しては、これが真実なのかもしれない。しかし、人が創造的な仕事を始めると、すべてが白紙に戻ってしまう――芸術家は物理学者と同じくらい現実主義者となり、物理学者は芸術家と同じくらい創造的になり得るのである」

科学者には芸術家のような創造的な才能が必要で、芸術家にもまた科学者のような現実主義的な視点が必要なのです。この両方を使えるのが、真の科学者であり、真のアーティストであるといえます。

「問い」を見つけるセンス

では、「問い」を見つけるセンスは、どう養っていけばいいのか。

ここからは、少し話が難しくなりますが、我慢して読み進めてください。

最初にするべきことは、あなたの曇った目を取り除くことです。

私たちは自らを取り巻く外界を正しく理解していると思っていますが、まずそれが間違いであると気づく必要があります。それは、あなたが「見ている」と思い込んでいるものは、「本当に見ているもの」ではない可能性が高いからです。少なくとも何物にも影響を受けていない裸眼で見ているわけではないのです。

例えば、美術史を学ぶと、人類は目に見える世界を捉えるために様々な認識パターンを「発明」してきたことがわかります。点、線、面、円、四角形、三角形は、人間が発明した幾何学的な図形で、人はこれらを利用して世界を視覚的に把握しているのです。また輪郭線、陰影法、遠近法という技法を使い、本物らしく物や人を写し出しています。空間把握を行うための概念も同様で、すべて視覚認識のために人間が発明した認識パターンなのです。それは「実際に自然界において、これらの形態が存在していない」ことからも理解できます。「え？　ほんと？」と思われるかもしれませんが、真実です。線など存在しませんし、輪郭線も遠近法も人間がつくり出した架空のアイデアです。

その証拠に、コンピュータのグラフィック用のソフトを使えば、現実に存在しない場所をいくらでもそれらしく、三次元的な表現で描き出すことができます。表現が難しいと言われる人物もゼロからつくり出すことができるでしょう。実際の現実世界との対応関係がなくても、架空の風景や人物をこれまでの視覚造形上の認識を活用すればいくらでもつくり出すことができます。このように、視覚認識パターンは解明され、絵画的な技法としてプログラム化されてアニメーションなどに活用されています。

これは生まれ持った視覚機能による認識とは異なる、人が成長する過程で教育された認識で、〝文化的な眼〟とでもいうべきものです。この架空のものを本物らしく認識してしまうメカニズムが、人間に視覚的な様々なイメージを呼び覚まし「認識の跳躍（誤謬）」をもたらしています。ここでお伝えしたいのは、視覚器官がいかに教育されやすい器官か、また文化的な影響を受けやすい器官か、そして、だからこそイメージを自由に飛翔させることができるのかということを知っていただきたかったのです。

私たちは普段、文化という、人間がつくり出した衣に包まれて暮らしていますが、それらを意識することはまずありません。文化は空気のように私たちを取り囲んでいるだけでなく、すでに身についているので、意識しないのです。

ただ、これはときとしてものごとを考える上では常識という壁になるのです。特に新しくものを見たり考えたりする場合は、知らず知らずのうちに常識という殻から抜け出せずにその中に留まってしまいます。なぜなら、すでに既存の文化が刷り込まれているために、それを自分の意識から引き剥がして対象化して疑うことが困難だからです。普段から、無意識にできる行動が、かえって「なぜ、それができているのだろうか?」と疑うことを許さないからです。

こういった習慣化された文化が悪いことのように言いましたが、実際は一方的に悪いわけではなく、習慣化した常識があるからこそ、社会の中で難なく生きていくこともできます。そういった保守性がないと、人は社会の中で価値観を共有することも、社会生活をスムーズに営むこともできないのです。文化というものは、基本的にはそれまでつくり上げてきた価値や因習を守るという方向に働く保守的な傾向を持つものですから、一定の社会を維持することができるのです。しかしながら、一方で新しい発想やイノベーションを起こそうとするときには、それらが邪魔をする障壁にもなるのです。

前述の視覚との関係ですが、この人間の文化的な営みの発展に、最も貢献した器官が視覚なのです。人間がつくり出した〃本当らしさ〃を介して多くの人と価値やイメージを共有し、文化をつくり上げる役割の多くを視覚が担ってきたのです。

私たちは架空の線や面などでできた絵画やアニメーションをそれらしいものとして認識して共通のイメージを抱きます。視覚は、最も文化と相性がよい器官です。だからこそ視覚世界にイノベーションを起こすことが、文化にイノベーションを起こすことにつながるのです。

現代アーティストがなぜ視覚世界にイノベーションを起こすことができるのか。またそれがなぜ新しいイメージとして共有されていくのか。

現代アーティストの役割は、これまでの古いしきたりに囚われない見方を創造して、イノベーションを起こすことにあるのです。並大抵の「懐疑」では常識の壁は打ち破れないわけです。

これらを打ち破るためには、教育されていない、因習化されていない裸眼のような眼が必要になります。別のいい方をすれば野生の眼ともいえますが、優れたアーティストの多くは、野生の「眼」を持ち、イノベーションを起こしているのです。現代アーティストは、様々なものに懐疑の目を向けて常に自問自答し、曇ったガラスを磨くように「見る力」を刷新しています。

五感による知覚の大切さ

実際、「常識の罠」から抜け出すことが、アート思考を実践する上では欠かせません。アーティストが見る世界は、一般の人が認識する世界と異なります。資質的に他人と異なっている、そもそも個性的だといった違いもありますが、それだけでなくアーティストは普段からプロとして訓練を行い外界の認識に不断の変更を加えているのです。

アーティストのような眼を得るためには、何をすればいいのでしょうか？

それは視覚以外の知覚や認識に改めて意識を向けることです。

他の身体器官である触覚、味覚、聴覚なども含めて身体全体で知覚するということに気を配ること。つまり外界と直接向き合うということです。外界との接触により、情報を直接的に得ていくのです。

生物が進化してきた過程を見ると、人間のような眼（視覚）はすべての生物に存在するものではないことがわかります。しかしながら、身体がない生物というのは存在しないわけですから、身体感覚のほうが、原始的で根源的なのです。

だからかもしれませんが、身体感覚が認識世界で意識されることは稀で、ほとんど無自覚でしょう。例えば、歩き疲れなければ、足とその接地面である地面を強く意識しないでしょうし、うまく泳げる人なら、身体と水との関係を自覚することは難しいでしょう。このように脳内の認識にのぼってこない身体感覚ですが、現実との対応関係という点では、視覚世界よりも直接的で確実な面があります。

意識されない知覚だからといって、必ずしも使っていないわけでも感じていないわけでもないのです。こんな興味深い実験結果があります。赤ん坊とモニター越しにコミュニケーションをしても、赤ん坊は自分自身の経験として知覚しないというものです。つまり、人が実際に、赤ん坊を抱いてあげたり、顔を見せたり、声をかけたりすることで、赤ん坊にはじめて自らの経験として蓄積されるというのです。

この実験からわかるのは、五感による知覚がいかに大切かという問題です。視覚世界は、空想上のイメージや概念などを構築し、他者と交換するという意味では機能しますが、必ずしも、視覚機能だけで世界をすべて把握できるわけではないのです。

AIの弱点

この認識の問題について、まるで人間の進化をトレースするように進化しているものが、人工知能（AI）です。ところが外側との直接的な接触をもたないAIは、人間のような連想や空想が苦手なのです。

未来のAIを考える上での興味深い課題が、「フレーム問題」と「シンボルグラウンディング問題」で、どちらも現実と対応したときに起きる課題です。特に「シンボルグラウンディング問題」では、「ことばのほんとうの意味がわからない」というAIの弱点が露呈されています（『ニュートン』二〇一九年九月号「人工知能のすべて」）。

例えば「『シマウマは縞のあるウマです』と教えたら？」では、子どもとAIの両者に同様の質問をしますが、その両者の理解のイメージには明らかな乖離があります。子どもはすでに獲得している「ウマ」と「縞」の概念を組み合わせることで、「シマウマ」の概念を想像することができます。

「一方で、すべてを記号として認識しているAIは、新たに定義された『シマウマ』の記号の持つ本当の意味を理解できませんでした」

実際に見たり聞いたりした経験を持たないAIは、単なる記号としてのみ世界を認識しているために、「ウマ」と「縞」という単語を、コンピュータ上の記号（文字列）としてのみ認識するだけです。私たちが生きるこの実世界における「シマウマ」の本当の姿を、AIが私たちと同じように理解することは、現状ではできません。

AIに関するこの〝弱点〟は、記号（シンボル）が実世界の意味に直接結びついていない（接地しない）ことから、「シンボルグラウンディング問題（記号接地問題）」と呼ばれています。

興味深いことに、この問題を解決するための有力な仮説においては〝記号の世界〟を抜け出し、人間と同じような身体を持たせることが必要であるというのです。彼らに「身体性」を持たせることで「シンボルグラウンディング問題」が解決されるだけでなく、多様な要素からなる現実世界に適切に対応できる「フレーム問題」も解決されるのではないかといっています。この仮説からもわかる通り、人間においても身体的な知覚が脳内でつくられる認識世界にいかに深く影響をもたらすかがわかります。

野口体操のアプローチ

身体の重要性に関していえば、日本において、仏教の修行や武道の鍛錬の中にも見ることができます。

実は、東京藝術大学名誉教授で野口体操の創始者である野口三千三（一九一四年〜九八年）の身体の考え方にもこの問題への指摘を見ることができます。人間を「原初生命体」として捉えて、「生きている人間のからだは、皮膚という伸び縮み自由な大小無数の穴が開いている袋の中に液体的なものがいっぱいに入っていて、その中に骨も筋肉も内臓も浮かんでいる」という、これまでの身体論とは異なった見方を唱えています。

現代の身体論の大勢を占める骨と筋肉を中心にした身体機械論からすると、かなりユニークな視点です。皮膚を外界と内蔵の間に存在する柔らかい膜のようなもの、そしてその皮膚による袋状の容器の中にいろいろな臓物が浮いているという身体容器のイメージです。

この考え方に影響を受けた前衛舞踏家たちは、数多く存在しユニークな活動をしています。また東京藝術大学出身のアーティストたちは、野口がこの大学で教えていたこともあり、大なり小なり影響を受けています。

私が学生だったころ、野口も現役で体育の授業をしていて、身体をグニャグニャさせたりして、身体の「重さ」と「はずみ」を活かしながら体を使うということを教えていました。実際の動きは少々恥ずかしいもので、照れながら行ったのを覚えています。

身体について現代スポーツが推薦する筋骨たくましい身体に疑問を持つ人はいないと思いますが、こうした根本的なところから疑っていくことにより、まったく異なるイメージを肉体についても持つことができるのです。こういった視点を持つことができれば、固定観念を捨てることに一歩近づいていきます。

また、生物学では、身体性について「環世界」という概念で、個体と世界の関係を解き明かしています。ドイツの生物学者で哲学者のヤーコプ・フォン・ユクスキュル（一八六四～一九四四年）は、こう述べています。

「すべての生物は自分自身が持つ知覚によってのみ世界を理解しているので、すべての生物にとって世界は客観的な環境ではなく、生物各々が主体的に構築する独自の世界である」

つまり、虫には虫の、アメーバにはアメーバの独自の知覚世界があるということです。そうだとすると、我々が認識し、常識として共有している客観的な世界というものは、フィクションかもしれないということになります。

「理解とは誤解のことである。誤解以外の理解は事実として存在しない」と野口は言います。

私たちが事実として受け入れ、共有している世界は、案外我々自身の手によってつくられた仮想の世界なのではないかと考えることも可能です。世界が偽物だと言っているのではありません。それを認識していく段階で使用している概念、捉え方がフィクションだと疑うこともできるということです。

アフォーダンス

もうひとつ非常にユニークな知覚論を身体から考えている人がいますので、紹介しましょう。知覚論を現代心理学において追求したのが、ジェイムズ・ギブソンが行った研究です。ギブソンは、環境が私たちの知覚と行動に与える影響を最初に研究した心理学者で、この影響を「アフォーダンス」と名付けました。「アフォード」とは「提供する」という意味で、ギブソンは、環境や社会が人の認知にどう影響を与えていくのかという理論を構築しました。

日本におけるギブソンに関する研究の第一人者である元東京大学教授の佐々木正人が「山登りにおける歩行」というわかりやすい事例を挙げて、アフォーダンスについて説明しています。

「『歩行』という意味は動物の内部にあるとされていた。ところが、歩行のアフォーダンスというのは動物に歩くことを可能にする環境の性質を指しているのです。それに名前を与えるというのが発想の転換です。山登りをすると、山肌にはでこぼこの岩場やツルツル滑るところなど、いろいろなところがあり、一歩一歩足の踏み場を探して移動していくわけです。

そのとき常に自分の移動を可能にする山肌の性質を探しているわけです。もし、一万歩で頂上に立てたとすると、体重を支え、移動を支えて、一歩歩くということを可能にする山肌の意味を一万のステップそれぞれで使ったはずで、そのすべてが移動を支えたアフォーダンスなのです。これは、動物の歩行という意味です。

周囲にある環境の一部が歩くことに利用できるという見え方は、自分の身長や体重や運動能力を通して見えているので、ただの客観的環境というわけではない。動物の行動の性質と周囲の性質が共に埋め込まれたことです」（『生命誌ジャーナル』二〇〇二年冬号）

ギブソンは、そもそも物事の意味や価値そのものは、あなた自身がつくるものではなく、あなたを取り囲む周囲（社会、環境）とあなたの間で形成されていくと考えています。

先ほどの佐々木が挙げた「山登りにおける歩行」の事例でいえば、人が「山肌の性質」を探りながら、最適な身体の動かし方を身体感覚で探っていくというプロセスが、アフォーダンス的な姿勢といえるでしょう。

アフォーダンス的な知覚を中心に自分と世界の関係を考えると、生物学の「環世界」的な関わり方、あるいは野口体操的な身体論のほうが、自然です。むしろ視覚と脳を中心とした認知科学は、随分と虚構的な世界の上に成り立っていると感じるのではないでしょうか。

直感やセンスの起源

そうはいっても、主流は、脳と視覚の認知システムであり、私たちはそこでつくり上げた客観的な認識フレームを活用して進化してきました。それは科学的といってもいいですし、近代的といってもいいのですが、これを共通の認識フレームにして産業を起こし、文化をつくり、暮らしを営んできたのです。

さてこういった壮大な人類史の中の現代という末端にぽつんといる我々ですから、すべてを疑えといっても人類の営みすべてを総ざらいして見直すことなど、到底できるわけではないのです。

常識は常識として身につける一方で、異なった見方をする人々がいることを許容する。そしてもう一歩進んで、新しい見方を謙虚に学んでいくということが、視野を広げるチャンスになるのではないでしょうか。それがたとえ一種の狂気のようなアイデアに思えたとしても、別の視点を学ぶいい機会だというくらいの心の余裕を保ちたいものです。

実際、これまで見てきたように、ＡＩと人間の知覚のギャップ、近代スポーツと野口体操に見る身体イメージのギャップ、認知科学における脳と身体のギャップなど、一見解き明かされたと思える世界ですら、いくつものイメージを同時に抱えています。

まずは、異なった考え方に触れたとき、互いにいくつもの埋めがたい乖離があるけれども、それを知って、それはそれでこれまでとは異なった視点が持てると思ってみるのです。世界に認識のほころびがあるということを知ることが、新たな発見を生むチャンスにもなります。なぜアーティストたちは、世界を疑い、別の見方で社会や世界を捉えようとするのか。それは自らが世界と直に触れ合いたいと望んでいるからです。

アーティストたちは、歴史的な視野の中に自分を置き、自らの人生を通して、新たな見方を歴史に加えるべく、日々努力する人々です。そして優れたアーティストたちというのは、何らかの成果を出している人たちなのです。ですから彼らの作品を通してアーティストの思考を追体験することで、これまで述べてきたようなまったく新しい見方を学ぶことができるのです。

なぜゴッホはあのような原色ばかりの絵を描くのか、なぜモネは水面ばかりを描いたのか、ピカソはなぜきっかいな形態で人間を描くのか、その背景の考え方が理解できれば、視点のユニークさについても理解できるでしょう。アーティストたちの直感やセンスの起源は、まさに全身全霊で世界と向き合い、生きることにあり、私たちはそれを単なる知識としてではなく、追体験するように知ることで本質を捉えることができるのです。

ジャコメッティが眺める世界

ここで、現代アートの世界で有名なアーティスト、アルベルト・ジャコメッティを採り上げます。日本でも大規模企画展が行われ、彼の作品をどこかで見たことがあるという方も多いのではないでしょうか。

ジャコメッティは、絵画と彫刻をつくるアーティストで、人物の頭部を描いたり、人物の彫刻を制作します。彼の表現は、目の前に人物モデルを置き、動かないように注意をして、写し取るように描くのです。目の前の人物モデルには当然、目や鼻があり、髪の毛が生えているわけです。しかし、彼が、忠実に写し取った人物は全く写実的ではないのです。

ではどんな絵を描くかといえば、針金のようなヒョロヒョロした棒状の人物で、絵の真ん中には小さな頭があり、首と胸あたりまで描かれているのです。それをよく見ると、そこには眼や鼻や口らしきものが、線の集積として描かれています。これは、実際に見える人物とはまったく異なるわけです。

しかし、このように描かれた絵は、個性的にするためにわざと描かれたものではありません。ましてや、彼が好き勝手に描いているわけでもなく、真剣に目の前の人物モデルを描いた結果なのです。ただ絵を描いていく訓練の果てに、通常、私たちが見ているようには、見えなくなっているのです（先ほどのアフォーダンス理論を思い出してください。世界のリアルは、私と世界の間に生成されるのです）。たぶん私たちとは知覚と認知のプロセスが異なっているのです。

ジャコメッティは、色を制限（ほとんどモノクロ）し、線の集積によって描きます。その二つの条件を通して、世界を眺め、描くのです。そしてそれを何年も真剣に繰り返していくうちに、不思議なことに世界が、グレーで線の集積として見えてきたのです。

「そんなばかな！」と思うでしょうが、画家の訓練というのは、そういうものなのです。私は、これがアフォーダンス的な知覚と認知の訓練というものではないかと思います。

例えば陸上でも短距離走者と、長距離走者の身体が異なっていることに似ています。訓練によって適した身体に改造されて、それぞれに適した身体になるのと同じなのです。それに加え、現代アートでは、短距離走か、長距離走か、どのように走るかというルールさえも自分でつくっているようなものなのです。

ジャコメッティが絵を描くということは、通常の「見て、観察して」という積み上げだけでは得ることができない独自の世界です。訓練（新たな知覚の方法を探し、認知の仕組みを鍛える、あるいは組み直すこと）により、新しい視覚イメージを得ることなのです。

世界との直接的な出会いを実感する方法

先ほどのギブソンの考えでは、社会的な環境が私たちの認知や行動に影響を与えることを指摘しました。現実として、目の前で体験している「あなた」が感じていることは、自分で行っているのですが同時に社会から教育されたものでもあります。

世界との直接的な出会いを実感したいのであれば、アーティストと同様に、「あなたと社会（環境）の間（あいだ）」を疑い、認識を再構築していく必要があります。

これがアートの世界で行われるのであれば、まさに革新的な芸術行為となります。

二〇世紀以降の現代アートの一見奇異に見えるさまざまなアート運動は、この革新的な芸術行為にあたりますが、これが一般化され、理解されるまでには時間がかかるのです。なぜならば、あまりに常識から離れていて、我々が持っている常識的なメジャー（認識）では測りきれないことばかりだからです。それでも知りたければ、アーティストと同じ現場に身を置く、あるいは、アーティストと同じ感度を持つということしかないのです。

その場にいるわけでもなく、かつそのことに精通していなければ、それらの意味を正しく理解することはできないでしょう。ちょうど私たちが、不慣れなスポーツを目の前で観賞しているときと同じような状態です。ただ見ているだけでは、なんとなく盛り上がっているなあ、といったレベルの理解で終わってしまいます。そのスポーツを、それなりに理解しようとすると、プロの適切な解説がなければ難しいでしょう。

これと同様に、それなりの理解力や知識がアートを理解する上でも必要です。まだ解釈も進んでいない、ルール化もされていない新しいアートが目の前にある場合には、余計に理解しづらいわけです。作品の意味を探り、その正当性を理解し、アートとして位置づけられていくことで、やっとそれは人々に共有されるものになっていきます。普通の人々がそれなりに理解できるところまで解釈が進み普及するためには、結構な時間が必要です。ゴッホが生きているうちにまったく絵が売れなかったことや、前衛的なアートがまったく理解不能という事態を思い出してもらえばいいでしょう。

こうして一般化のための解釈や解説が整い、整理されていき、ようやく多くの人たちに意味が伝わっていきます。価値の共有化、社会化のプロセスです。この時点になるとようやく作品は美術史の中で語られる存在になっていきます。

生まれたての現代アート作品を鑑賞する機会に恵まれたときに、あなたには解説抜きで直に感動する人になっていてほしいものです。何か心が動いたり、イメージが浮かぶようであれば、そのときはアーティストが世界に触れている感触をあなたも追体験しているのです。

パターンは存在しない

ではアーティストが、リアルな現場で体感する情報は、どういうパターンで把握されていくのでしょうか。正直なところ、パターンらしいものが存在するわけではなく、多種多様なものです。ただひとつだけ、断言できるとすれば、非常に集中した状態の中で新たなアイデアが生まれるということです。

アイデアが生まれる前段という状態があり、これは現代社会の抱える問題でも、旧来の芸術表現への批判でも、何でもよいのですが、何か心を動かされることがあり、それに限りなく執着している状態が続いているのです。言葉には収まりきらない、これまでにない思いを表現するためには、どうすべきかをアーティストたちは苦悩します。その苦悩の中で、ある瞬間、あるアイデアと出合うのです。

ビジネスの世界でも、「起業家が思いついた、過去にない形の新規事業」は、論理的に説明できないケースが多いとされます。

アーティストや起業家だけではなく、偉大な発明をした過去の偉人たちもそうでした。

ニュートンはイギリス・ウールズソープにある生家の庭でリンゴが落ちるのを見て万有引力の法則をひらめいたといわれていますし、アルキメデスはシチリア島のシラクサでお風呂に入っているときにアルキメデスの原理を思いついたといわれています。

アインシュタインが一般相対性理論を完成させたのはスイス・ベルンのアパートの洗面所

で髭を剃っていたときで、特殊相対性理論は特許局の椅子の背に深くもたれていたときに最後のヒントが見つかったそうです。

ドイツの哲学者、マルティン・ハイデガーは、こうした突然のアイデアのひらめきを「出現（phainesthai）」と呼びました。ハイデガーはひらめきを、自ら導き出すものではなく、どこからか「現れる」ものと考えたのです。しかし新しいアイデアなり考え方がどこかから現われるものであっても、その機会を得るためには不断の追求がなければなりません。血のにじむような努力の果てに新しいアイデアは生まれてくるのです。

定型やパターンにとらわれず、あなた自身の方法を早い段階で確立することが、イノベーティブな発想を得るための近道といえるのではないでしょうか。

1. 幅広くアートの知識を得ることで、これまでと違う見方で社会の状況や人間の内面の変化について、学ぶことができる。またアートを通じて自分とは違う世界のありようを想像できるようにもなる

2. 「アーティストとは、答えを示すのではなく、問いを発する人である」(ジェームズ・タレル)。これからの時代に求められるのは、答えを引き出す力以上に「正しい問いを立てることができる洞察力とユニークな視点」である

3. 現代アートは、「現在の人間像について多角的に考えて、未来に向けて、さらなる可能性を持つ新たな人間像を求め、人間の概念を拡大することに挑戦する試み」である

4. アート思考は、現状を打開するため、従来とは異なるステージで活躍するために、必

要不可欠な視点となる

5. アートに求められるのは、経済的・社会的成功ではなく、やむことなき自己探求をし続けること。社会に対する問題提起、つまり新たな価値を提供し、歴史に残るような価値を残していけるかどうかという姿勢を極限まで追求するのが、アーティストの願望である

6. アート思考は、「何が問題なのか」といった問いから始めるのが特徴。ここでいう「問題」とは英語でいうtask（タスク、任務、用）ではなく、subject（主題、課題）、theme（テーマ、題材）という意味

7. 世の中の問題解決をするデザイナーの時代から、自分だけが信じる主観的な世界を世の中に問いかけていく問題提起型のアーティストの時代に変わろうとしている

8. 俯瞰した視点で問いを立てることで、「思考の飛躍」が可能になる。アートは、最先端の思考と感性の技術である

9. 優れたアーティストは、感度のいい野生動物のように時代の変化を肌で感じている。そうしたアーティストの時代感覚は、数十年先取りしていたり早すぎる傾向もあるが、さじ加減を考えればビジネスにもうまく活用することができる

10. 科学者には芸術家のような創造的な才能が必要で、芸術家にもまた科学者のような現実主義的な視点が必要である。この両方を使えるのが、真の科学者であり、真のアーティストであるといえる

11. 人が「山肌の性質」を探りながら、最適な身体の動かし方を身体感覚で探っていくというプロセスが、アフォーダンス的な姿勢といえる

12. アーティストたちは、歴史的な視野の中に自分を置き、自らの人生を通して、新たな見方を歴史に加えるべく、日々努力する人々。優れたアーティストたちというのは、何らかの成果を出している人たちである

13. アーティストたちの直感やセンスの起源は、まさに全身全霊で世界と向き合い、生きることにあり、私たちはそれを単なる知識としてではなく、追体験するように知ることで本質を捉えることができる

14. 言葉には収まりきらない、これまでにない思いを表現するためには、どうすべきかをアーティストたちは苦悩する。その苦悩の中で、ある瞬間、あるアイデアと出合う

15. 定型やパターンにとらわれず、あなた自身の方法を早い段階で確立することが、イノベーティブな発想を得るための近道である

直島アートプロジェクト

ベネッセコーポレーションの名誉顧問、福武總一郎のプロデュースで、瀬戸内海にある直島、豊島、犬島などで展開する現代美術に関わるさまざまな活動の総称。アートを活用した地域再生の取組みとしても注目されている。筆者は、最初期一九九一年～二〇〇六年までの企画を担当した。

ジェームズ・タレル（一九四三～）

光をテーマにしたインスタレーション作品で知られるアメリカの現代美術家。数学と知覚心理学の学位を取得した後、芸術修士号を取得。光を用いた実験的手法は、「知覚環境」とも称される。アリゾナの休火山を作品化しているローデンクレーターは代表作。

直島・地中美術館

二〇〇四年、「自然と人間を考える場所」として設立。瀬戸内の景観を損なわないよう建物の大半が地下に埋設され、館内には、クロード・モネ、ジェームズ・タレル、ウォルター・デ・マリアの作品が安藤忠雄設計の建物に恒久設置されている。

金沢21世紀美術館

石川県金沢市にある現代美術を収蔵した美術館。二〇〇四年の開館。体験型作品や部屋の空間全体を活かしたインスタレーションが多く、無料入場エリアにジェームズ・タレルの作品を恒久設置した部屋があるなど、現代美術をいつでも体験できる。建築設計は、ＳＡＮＡＡ（妹島和世、西沢立衛）。

人工知能

コンピュータを使って、学習・推論・判断など人間の知能のはたらきを人工的に実現したもの。Artificial Intelligenceを略して「ＡＩ」ともいう。

ブロックチェーン

分散型台帳技術、または分散型ネットワーク。ビットコインなどの暗号資産（仮想通貨）の中核技術を原型とするデータベース。データがサーバーに分散保持され、記録されたデータがなくならない、また一部のサーバーが不正侵入されても動き続ける特長を備えている。

レオナルド・ダ・ヴィンチ

《モナ・リザ》《最後の晩餐》などの絵画で知られるルネサンス期イタリアの巨匠。絵画のみならず、彫刻、建築、土木、科学、数学、工学、天文学など種々の技術に通じ、極めて広い分野に足跡を残した万能の天才。

ジョン・マエダ（一九六六〜）

シアトルの豆腐屋を営む家に生まれる。ＭＩＴでソフトウエア工学を専攻し、メディアラボで修士号、筑波大学大学院人間科学研究科（芸術専攻）で博士課程を取得。ＭＩＴメディアラボ前副所長や、前ロードアイランド・スクール・オブ・デザイン学長を務めるなど、デザインとテクノロジーを追究する第一人者。

アルベルト・ジャコメッティ（一九〇一〜六六）

スイス人の彫刻家。ジュネーブ工芸学校で彫刻を学ぶ。１９２２年からパリで生活を始め、キュビズム、シュールレアリズムなどの影響を受けた作品を発表し、ピカソ、サルトル、エリュアールなどの文人とも交流があった。晩年は、絵画、版画など平面芸術への回帰もみせた。作品は《午前４時の宮殿》《ジャン・ジュネ》《歩く男》などがある。

第2章　アートとビジネスの交差点

【この章を読み解くためのキーワード】

シリコンバレーの成功者とアート／ゼロから価値を生み出す創造的活動／アートとビジネス／現代アートと国際的な経営者／先入観と固定観念

シリコンバレーのイノベーターたち

アメリカのビジネスシーンでアートに注目が集まった理由は、シリコンバレーなどで新たなビジネスを生み出して、成功を遂げてきた人々の多くがアートの素養を持ち合わせていたことと無関係ではありません。

アップルの創業者スティーブ・ジョブズは、文字のアート、カリグラフィーを学んでいたことで知られています。旧米ヤフー（現アルタバ）の元CEO、マリッサ・メイヤーが影響を受けたのは、画家である母親でした。

Ａｉｒｂｎｂ（エアービーアンドビー）の創業者の一人、ジョー・ゲビアも学生時代にアートを勉強し、アクションカメラをヒットさせたＧｏＰｒｏ（ゴープロ）の創業者、ニック・ウッドマンも視覚芸術を学んでいました。

スクエアを二〇〇九年の創業からわずか一〇年で時価総額二〇〇億ドル超に成長させたジム・マッケルビーにいたっては、自らがガラス工芸などを手がけるアーティストでもあり、彼のデザインしたスクエア・リーダーはＭｏＭＡ（ニューヨーク近代美術館）にも展示されています。

そうしたイノベーターたちが共通してアートをたしなんでいたため、アートとビジネスの関係が指摘されるようになったのです。

実際、アートとビジネスは、深いところで響き合っています。

例えば「アートとは、ゼロから価値を生み出す創造的活動であり、ビジョンと、それを実現させるための内なる情熱が必要」なものですが、この「アート」を「アントレプレナーシップ」に置き換えてみましょう。すると「アントレプレナーシップとは、ゼロから価値を生み出す創造的活動であり、ビジョンと、それを実現させるための内なる情熱が必要」となります。ビジネスに関わっている人にとってもまったく違和感はないでしょう。先に挙げた世界のイノベーターたちは、ビジネスの世界で成功を収めたアーティストでもあるのです。

アーティストが作品を創作するときは、常にゼロベースでものを考えますが、ビジネスの世界においても、既成概念にとらわれることなくゼロから創造してきた人々がいました。それが先ほどのスティーブ・ジョブズであり、ジョー・ゲビア、ニック・ウッドマンであり、ジム・マッケルビーだったのです。

この社会に新たな価値をもたらし、社会に影響を与えてきた人々は、数学や工学からアートまで、横断的な知識を身につけていました。

今後そうした複合的な人材は、ますます多方面で必要となってくるはずです。

組織にアートを採り入れる企業

アートとビジネスの関連性が知られるようになり、日本企業の中にも、組織にアートを採り入れようとする動きが出てきています。

化粧品会社のポーラは、二〇一六年から、新入社員向け研修で名画鑑賞を行うようになり、全日本空輸でも社員を対象に行ってきたグローバル教養力を習得するためのセミナーに二〇一七年度から、西洋美術の鑑賞法を加えています。

海外では、フェイスブックの本社がウォールアートで埋め尽くされ、世界各国のオフィスにアートが飾られていることは、あまりに有名です。そのことについてフェイスブックは、「プロダクトやコミュニティは常に成長している＝完成されておらず、発展途上であるのと同じように、オフィスも制作過程にあるアート作品のように感じられるべきだ」という同社CEOマーク・ザッカーバーグの思いが込められている、と説明しています。実際にザッカーバーグのコレクションは、アーティストによって表現方法は様々ですが、どれも創造力が掻き立てられるものばかりです。

マイクロソフトも企業コレクションを持ち、社内に絵画を展示することが生産力向上につながると公表しています。

また日本でもマネックスグループが、一〇年以上前から「Art in the office（アート・イン・ザ・オフィス）」と名付けて、公募で選ばれたアーティストの作品を一年間展示するプログラムを続けています。

私が以前勤めていたベネッセでも、直島でのアートプロジェクト以外にも岡山本社や東京本部に多くの現代アートを展示していて、普段から社員が現代アートに接することができる環境をつくっていました。展示替えをしてオフィスのイメージを大胆に変化させていたのです。一回に一〇〇点を超える美術館のような展示替えをして、社員に驚かれたこともあります。担当していた私本人が言うのですから間違いありません。これらはあくまで社員教育の一環ですが、今後は企業のトップにもアート的発想が求められる時代がくるでしょう。

経営理念の刷新や新たなビジョンの策定の場面も想定されます。そうした部分にこそアート的な発想によるパラダイムシフトが必要となるからです。

単なる「改善」ではなく、既存のものとはまったく異なる発想を行うときに求められるのが、ゼロからなにかを生み出すアーティストの思考法なのです。

アーティストの思考法というとハードルが高いように感じるかもしれませんが、日常でアートに触れる機会を増やしていくだけでも身についてくるものです。

学びに即効性はない

最近はビジネス系のメディアで「アート」について語る記事が増えています。教養として美術史を学んだり、美術品の鑑賞法を解説する講座に通ったりと、アートに注目するビジネスパーソンは、確実に増えているようです。

ただし、ここで勘違いしてほしくないのは、アートとビジネスは、実利的に直結するものではないということです。得た知識をすぐに自分の仕事の成果につなげようとする発想は、アートからはほど遠い考え方です。

アートが示唆するものは、ある種の哲学のようなものであり、安直なハウツーに関するたぐいのものではありません。作品の解説にしても、評論家により解釈は実に様々です。解説者によって主張がかなり異なるような分野も珍しいと思われます。

アートは、視点や生き方など、包括的に私たちに影響をもたらすものなので、それを体系化したり言語化したりするのは、決してたやすいことではありません。

それらを表面的に捉え企画書に採り入れようとしても、コンセプトの上っ面をなぞるだけの中身がないものになってしまいがちです。

確かに作品の鑑賞を通して、アートが歩んできた破壊と創造の歴史を知ることで、様々な気づきもあるでしょう。

しかし、アートに触れることにより、自分自身が変わっていくような体験は、もしかすると五年後、一〇年後にストックされてきた知識が、ふと何かと結びつくことでようやく実感できるレベルなのかもしれないのです。アートと接して得られる効果は、いわばあなたという人間の中に澱《おり》のようにたまっていき思考や人格に深く影響を与えるものです。それは、即効性こそないものの、あなたを確実に人間的な成長へと導くでしょう。

炭鉱のカナリア

ビジネスパーソンに現代アートをおすすめする理由は、1章でも少し述べたように現代アートが、「炭鉱のカナリア」のようなものだからです。二〇世紀後半まで、炭鉱で働く人は有毒ガスの危険察知のため、カナリアを連れていました。

「炭鉱のカナリア」とは、何らかの危険が迫っていることを知らせる前兆を指す慣用句ですが、これは炭鉱等で有毒ガスが発生した際に、人間よりも先にカナリアが察知して鳴き声がやむことに由来します。地下鉄サリン事件が発生した二日後の一九九五年三月二二日、旧上九一色村のオウム真理教施設に強制捜査が入りましたが、捜査に入った警察官の手にもカナリアの入った鳥かごがありました。

芸術家や詩人を、最初に「炭鉱のカナリア」にたとえたのは、カート・ヴォネガットというアメリカの小説家でした。ヴォネガットは、感受性に優れた芸術家をカナリアとして捉えることで、アーティストは世の中の「不穏な空気」をいち早く察知し、警鐘を鳴らし危険を知らせる役目を担うべきであると考えたのです。

映像インスタレーション、写真、彫刻、舞台作品で、社会システムや集団意識による潜在的な抑圧や支配を批評的に表現してきたアーティスト、高嶺格《たかみねただす》も、二〇一二年、水戸芸術館現代美術ギャラリーでの個展で次のように述べています。

「僕らアーティストは、社会におけるアンテナみたいな存在で、世の中がまだ気づいていないときに、これから起こる大きな変化を察知する、いわば炭鉱のカナリアみたいなものです」

アートは時代とリンクすると前述しましたが、アートは時代の空気を先取りするものでもあるからです。

一九世紀末、第二次産業革命の中で、社会が激変する中、人々がめまぐるしい生活環境の変化に戸惑い、その流れについていくことができない人たちは、自己喪失感や強迫観念を感じ始めていました。そのような時代に〝当時の現代アーティスト〟であったエドヴァルド・ムンクが《叫び》を描いたのも、機械化により人間が自然から疎外されて孤立した状態を想像し、精神を破壊しようとする近代文明という毒ガスが迫っていることを、カナリアのようにいち早く捉えて警鐘を鳴らしたからではないでしょうか。

実際に現代アートは、一九八〇年代からＬＧＢＴや地球環境の変化、発達障害やダイバーシティやインクルージョン、サステナビリティやシェアリングエコノミーなどをテーマにしてきました。

アートの世界では、人間が空を飛ぶことをギリシャ神話のイカロスの翼の時代や、レオナルド・ダ・ヴィンチの時代から予言していたわけですし、ドローンもいわば、まんが『ドラえもん』の「タケコプター」のようなものです。やがてテクノロジーがドラえもんに追いつき追い越すことで、「どこでもドア」が現実となる時代も来るかもしれません。

時代を先取りして映し出すといわれる現代アートには、この刻々と変化する世界を読み解くヒントがたくさん詰まっているのです。現代アートに親しむことで、変化の予兆を誰よりも早く知ることができれば、それだけビジネスチャンスも広がるのではないでしょうか。

特に起業家には、人々がまだ気づいていない時代の変化を察知して、新たなビジネスモデルをつくることが求められます。それはアーティストが、未知の世界を描き出そうとする行為にも似ているかもしれません。

グローバルな現代アートが好きな日本の経営者たち

以前、金沢で開かれたシンポジウムでアートの専門家たちと盛り上がった話題があります。「国際的に活躍するビジネスパーソンは、なぜ現代アートを好むのか」ということでした。

実際に日本を飛び出して、海外を舞台に活躍している人ほど、現代アートに魅せられるようです。特に、欧米では質の高い美術館や博物館が揃っているため、それらを素直に感動して好きになるということがあるといいます。教養主義が欧米社会で生きているということもあるでしょう。海外で幼少期を過ごした人の中には、芸術文化に理解を示す人たちが大勢います。欧米社会では芸術一般の役割が社会の中に浸透しているため、ある程度の教育レベルを持っていれば日常生活の中でアートに親しみ楽しんでいるからです。

特に現代アートは、リベラルな人たちのファンが多く、現在の社会的な傾向であるグローバリズムの先頭に立ち、多様性を大切にしている人たちが多いのです。

例えば、大林組の会長、大林剛郎はスタンフォード大学大学院を出た国際派の経営者であり、ニューヨークのMoMAやパリのポンピドゥー・センターにも顔が利く現代アートの応援団です。DICグラフィックスの会長、川村喜久も同様に川村文化芸術振興財団を設立して芸術支援をする国際派の現代アートの応援団です。こういった経営者はグローバルな現代アートが好きなのです。

やはり国際的なフィールドで活躍している人たちは、日本という閉じた社会で守られているわけではなく、ある意味、ビジネスの荒野の中で生き抜いているわけです。そうしたボーダレスな国際性のようなものが、現代アートが持つ世界観に近いからかもしれません。

残念なことですが日本においては、今や世界のメインストリームにある現代アートがほぼ理解されていません。しかし、現代アートはスポーツに例えればサッカーのようにグローバルな展開をしています。「現代アートなんてマイナーなもの」などと考えていたら、世界のスタンダードから取り残されてしまうことになるでしょう。世界で戦うためのルールを知らなければ、グローバル化の波から取り残されてしまうやもしれません。

外務省が二〇一七年に発表した旅券統計によると、日本人のパスポート保有率は約二三・五パーセント。日本人の四人に一人しかパスポートを持っていない計算になります。これは先進国では最低水準で、日本人の海外渡航への関心度の低さが浮き彫りになっています。

心配なのは、多くの日本人が、それでも特に危機感を抱いているわけではないということです。グローバル化はこれからも加速度的に進んでいきます。そのような時代を生き抜くためには、グローバルな思考と行動が不可欠です。国境を越えて、地球規模で物事を考えることができないと、世界はもちろん日本でも活躍できる保証はありません。現代アートを知るということは、世界のルールを知るということでもあります。ガラパゴス化した日本特有のルールしか知らなければ、世界で戦いようがないのです。閉じた日本の社会にいると、どうしても自分を主張することを避けるようになってしまいがちです。でも、それではアートを生み出すことも、破壊的イノベーションを起こすことも不可能です。

グローバルな思考を身につけることは、難しいことではありません。英語力や特別なスキルも不要です。あなた自身がそれを身につけようと決心し、閉じた世界から飛び出す行動を起こせばよいだけなのです。その目で世界を確かめてみてください。その一歩を踏み出すだけで世界は確実に変わっていきます。

自分の頭で考えるトレーニングになる

現代アートの鑑賞は、自らの頭で主体的に考えることのトレーニングにもなります。優れたアーティストの作品は、いつでも何かを問いかけてきます。その「問い」に対し、鑑賞者が想像力を働かせ、理解しようとする。それによって作品が完結するのが現代アートです。決して受動的に感性で感じればよいわけではありません。「感じる」とともに「考えろ」という姿勢が、現代アートの鑑賞の基本です。

とはいえ、考えても正解がない場合もあります。デュシャンの《泉》では「便器がなぜ、アートなのか」がテーマですが、正解は誰にもわかりません。デュシャンが解釈をすべて鑑賞者に任せてしまったからです。そのため発表から一〇〇年以上経った今でも、その解釈について専門家やファンの間で議論が続けられているような状態です。

ただ、そうはいっても考え続けることで多くのアイデアや見方を発見することもあります。デュシャンの作品の答えが大事なのではなくて、それに至る「考える」という思考のプロセスが大事なのです（これは本当にそうなのです！）。まあ、このあたりは人生とまったく同じで、人生もいかに生きるのかというプロセスこそが本質です。

「自分の頭で考える」というと、当たり前のように聞こえますが、日本では普段から考えることを習慣化できていない人が多いというのも事実です。

今はあらゆる情報伝達に「わかりやすさ」が求められる時代となりました。メディアの世界でも、まず「わかりやすさ」が重視される傾向にあります。その結果、生まれるのは情報の受け手の思考停止でしかありません。

私たちは「わからないもの」に接することで思考が、促されるのではないでしょうか。「アート思考」の本質とは、この「わからないもの」に対して、自分なりに粘り強く考え続ける態度のことを指しているのです。

人工知能がすべての答えを出してくれる時代に必要なのは、それでもわからないものを理解しようとする、人間ならではの飽くなき知的好奇心です。

「わかる」という状態にもいろいろあるでしょう。「言葉として理解できた」「経験してはじめてわかった」「答えがいくつもあるということがわかった」「ほとんどのことがわからないということがわかった」など、「わかる」という状態自体が、実に多様なのです。そして、物事には何事にも深い意味や異なった解釈が、幾重にも折り重なっているものです。

先入観や固定観念を壊す

人間というのは、同じ思考で同じ行為を繰り返す生き物です。また、そうすることでどんどん思考が固まってしまう傾向を持っています。そうした固定観念による同じことの繰り返しをやめるには、頭の中で凝り固まった常識をいったん壊してみることが必要です。あなたが「当たり前」と思っていることを一度、あえて壊してみて、意味を問い直すことといってもよいかもしれません。現代アートでは、そうした体験も可能です。

直島の「家プロジェクト」のひとつで、安藤忠雄設計による建築物に南寺と呼ばれるものがあります。その内部に、ジェームズ・タレルがつくった、インスタレーション作品〝バックサイド・オブ・ザ・ムーン〟があり、それもそのような作品のひとつです。

この建物に足を踏み入れた観客は、真っ暗な空間で壁を伝って進み、その先にあるベンチに腰掛け、そのまま一〇分、二〇分と一切、光の届かない暗闇にたたずみます。すると暗闇の中に、ぼんやりとした大きな長方形が見えてくるような気がしてきます。いや、もしかすると、それは気のせいかもしれません。いや、やっぱり見えた。いや、そうではなかった。そんなことを繰り返しているうちに、やがてはっきりと光が見えるようになり、闇に閉じ込められていた観客は、光に解放されます。

照明が変化したのではありません。最初から微かな光は存在していたのですが、明るい屋外から部屋に入った観客は、瞳孔が閉まっていて、それに気づくことができない。しかしながら、目が闇に慣れるにつれ、徐々に瞳孔が開いてきて、光と闇のコントラストに気づくという仕掛けです。これを一度体験した人は、誰もが日常、当たり前に感じている光を、不思議な存在として捉え直すことができます。どんなにかすかな光でも、闇とはまったくの別次元の存在であることを改めて理解するのです。

光が存在することとはなんと安心感のあることか。それは私たちが世界を感じ、その中に存在していると認識できることに対する安心感です。また普段は真っ暗な夜の闇にも、光が満ちていることを実感するでしょう。あるとき、南寺での修理作業を終えて外に出ると夜になっていました。空は闇であるどころか、満天に星が瞬いていたのです。自然の世界には夜であってもどこかに光があり、真の闇などないことを改めて実感するのです。

私たちはタレルの作品を通じて光を体験したのです。それは物を照らし出す反射光を単に眺めたのとは異なり、光に包まれ、光の中にいることを知ったのです。

現代アートには、このように普段、私たちが当たり前と感じていることを破壊する作品が他にも多く存在します。

私たちの判断を誤らせている要因の多くは、先入観と固定観念です。しかし、タレルのような作品に触れると、頭の中にこびりついた先入観や固定観念を壊してくれるのです。

言葉と感覚からなる美術

せっかく海外に滞在していても、「日本人会」や「日本人コミュニティ」に所属して、日本にいたころと同じように、日本人同士のしがらみに消耗している人もいるといいます。異文化を体験できるのにもったいない状態で、それよりはその国の人と交流して、日本人とは異なる価値観に触れるべきです。

日本のサッカー界を牽引した中田英寿は、芸術文化の効用をよく知っています。山梨県甲府市の出身で国際的なステージにいち早く出ていったサッカー選手ですが、今では工芸や日本酒といった日本文化を世界に紹介するプロデューサーであり、文化アンバサダーとして活躍されています。

中田とは、現代アートや工芸を通じて個人的に知り合いました。

あるときに「芸術文化に興味を持った理由」について聞いたことがあります。

中田はこんなふうに答えました。

「世界で活躍しているうちに様々な国のセレブリティ（セレブ）に会い、芸術文化がコミュニケーションツールになることがわかったと同時に日本のことを伝えることができない自分がもどかしくなった。何も知らないということを知ったのです。そこで世界中を旅するのと同時に日本中を旅して、日本の伝統工芸や日本酒が消えかけている現状を知ったのです」

何年かかけて中田は日本をくまなく巡り、人間国宝や名杜氏といわれる人に直接会い、話を聞いたり、実際に制作を体験したりして、知識を広げていきました。その数は大変なものになります。

中田が素晴らしいのは世界中を「徹底的に、くまなく」回り、自分の足で訪れ、実際に「経験」していることです。これらは単なる知識ではなく、自分の経験を通し、会得した知識なのです。そしてもっとも大事なのは、そのときに得た〝実感〟なのだろうと思います。

こればかりは他人の話を聞くだけで得られるものではありません。中田とは、日本全国の名産地を何度か訪れたことがありますが、話を聞いた後に必ずといっていいほど、自身で作品を制作したり、体験していました。焼き物であれば、土を練ったり、金属加工であればハンマーで鉄を叩いて伸ばしたりしていたのです。ときには一日どっぷりとそこにいて、何時間も制作しているのです。

中田に「なぜ体験するのか」と聞くと「そこではじめてわかることがあるから」と答えました。シンプルな返事ですが、とても重要な内容を含んでいると思います。中田は言葉だけでは得られないものが存在することを知っているのです。

言葉以外の感覚も総動員して理解を深めていくということは、どんなに便利な世の中になっても必要なことです。また便利になればなるほど、五感を通すことが必要になります。精神論で汗を流せと言っているわけではありません。人間は言葉以外の多くのものを通じて、様々な情報を得ているからです。その最たるものが芸術や工芸というものでしょうし、言葉と感覚からなる美術が現代アートであるのです。

グローバルなコミュニケーションツール

中田のファンは、もちろん世界にいて、いわゆるセレブの人たちもいます。スポーツと同時に文化や芸術も愛している人たちです。その人たちとの付き合いは、文化を介したもので、単なるビジネスネットワークとは異なった広がりを持っています。そこでは同じような価値観を共有し、クリエイティブな感性を高め合っている、いわば文化的なコミュニティのような場なのです。そこで培った人脈やコミュニケーションがときに大きなビジネスにつながっていくのでしょう。

中田の例は、彼だけが特別ではなく、同じように個人で様々な国際的なネットワークを持って活躍している人たちが存在していて、文化とビジネスをつなぎ、活性化させているということです。

そういう人たちは、大声で日本のダメなところや問題点を他人に語りません。

工芸はかつての勢いを失い、失速する筆頭に挙げられる美術のひとつですが、皆がダメというわけではなく、うまくいっている作家は、国際的に活躍していて、いい仕事をしています。輪島に雲龍庵という現代漆芸のグループがいますが、ロンドンのビクトリア・アンド・

アルバート美術館において、生存作家ではじめて個展を開催したというほどのグループで、主な仕事先は海外です。

私自身がキュレーションした展覧会において、新しく台頭してきた現代アート化する工芸を紹介した『工芸未来派』展を二〇一二年に金沢21世紀美術館で開催したのですが、その出品作家として雲龍庵と知り合いました。これは、借用の際わかったことですが、彼らの作品のほとんどが海外のコレクターのものだったのです。

このときの借用先のコレクターのひとりとして知り合い、後々もお付き合いすることになったのが、オーストラリア在住の大富豪ガンデル夫妻です。

ガンデル夫妻は、不動産から美術館、レストラン経営、ワイン製造まで幅広くビジネスを展開する経営者でいくつもの会社を所有していました。文化的なことが大好きで、美術にも造詣が深く、メルボルンの国立美術館のジャパンギャラリーの一室は、夫妻の寄付によるものです。さらにそこでの展示品である漆芸から伊万里まで数百点にものぼる作品も、寄贈によるものでした。彼らは、輪島に作品を見に来るときはいつもプラベートジェットで飛んでくるのですが、私も何度か同乗させてもらい、オーストラリアへの訪問時には、多くの有力者をご紹介いただきました。

こういう人たちは、やはりいいものが好きで、本格的なものがいいわけです。現代アートの面白いものや世界で話題になっているものに興味を持ち、実際に体験し、そこで新しい人間関係のつながりも持つのです。あなたもいつ世界のセレブたちと会う機会が回ってくるかわかりませんから、そのためにもグローバルなコミュニケーションツールであるアートの知識くらいは、覚えておいたほうがよいでしょう。

わからないから面白い

現代アートは、事前に学習することなく、いきなり鑑賞してもすぐ理解できるものではありません。私でも、作品を見て評価に戸惑うことはよくあります。作品のコンテクストから推察して理解できる部分もあれば、わからない部分もある、それが正直なところです。

ただし、それをわかろうとするプロセスの楽しさが、現代アートの魅力ともいえます。「わからないから、つまらない」ではなく、「わからないから、面白い」のです。

そもそも観察した対象を「わかる」とは、どういうことを指すのでしょうか。

『みる わかる 伝える』（講談社文庫）の著者、畑村洋太郎によれば、アートに限らず、すべての事象は、いくつかの要素が絡み合う形で、ある構造をつくり出しているといいます。しかも、構造はひとつではなく複雑で、その中にも様々な要素が内包されている。その構造と要素のすべてを理解することは不可能です。一〇の要素のうちの四つしかわからない。それでも私たちは、それが「わかる」のかどうかを「自分の頭の中に持っている要素や構造と合致するかどうか」で、瞬時に判断しているのです。

人は四つの要素しかわからなかったとしても、それがある程度、自分の頭の中のテンプレートに重なれば、一〇の要素すべてを「わかった」ものとしてしまう。まだ、理解できていない六つの要素があるにもかかわらず、たった四つの要素だけで、思い込みにより判断してしまうのです。

ビジネスの場に限らず、そうした思い込みで対象を判断している段階では、対象物を正しく理解しているとはいえません。私たちはそのように「わかったつもり」でいろいろなものを判断している危険性があります。ビジネスシーンでも、伝える側と受け手の思い込みにより、情報が正確に伝達されないことは、よくあることかと思います。

現代アートを鑑賞していると「ここまではわかるけれど、そこから先はわからない」といったことがよく起こります。わかろうとする努力を続けているうちに「わからない」ことが「わかる」ようにもなるのです。

現代アートを鑑賞して「わかる」部分と「わからない」部分を整理して、「すべてがわかったわけではない」と考えて、では「わからない部分には、自分の知らない、なにがあるのか」を考えてみる。そうしたふうに思考を整理することができれば、あらゆる事象に対して謙虚に向き合うこともできるようになるのではないでしょうか。現代アートは、そうした思考の整理にも役立つに違いありません。

1. 社会に新たな価値をもたらし影響を与えてきた人たちは横断的な知識を身につけていて、そうした複合的な人材はますます必要になってくる

2. 企業のトップにもアート的な発想が求められる時代がくる

3. 単なる「改善」ではなく、既存のものとはまったく異なる発想を行うときに求められるのが、ゼロから何かを生み出すアーティストの思考法

4. アートとビジネスは、実利的に直結するものではない

5. アートと接して得られる効果は、即効性こそないものの、あなたを確実に人間的な成長に導くだろう

6. 時代を先取りして映し出すといわれる現代アートには、この刻々と変化する世界を読み解くヒントが詰まっている

7. 現代アートには、リベラルな人たちのファンが多く、現在の社会的な傾向であるグローバリズムの先頭に立ち、多様性を大切にしている人たちが多い

8. 現代アートを知るということは、世界のルールを知ることでもある

9. 現代アートの鑑賞は、自らの頭で主体的に考えることのトレーニングにもなる

10. 現代アートには、普段、私たちが当たり前と感じていることを破壊する作品が数多く存在する

シリコンバレー

アメリカ合衆国カリフォルニア州北部のサンフランシスコ・ベイエリアの南部やサンタクララバレー周辺の地域の名称。アップル、インテル、グーグル、フェイスブック、アドビシステムズ、HP、オラクル、など、IT企業の一大拠点となっている。スタンフォード大学が産学連携の象徴的な存在である。

アップル

スティーブ・ジョブズなどが創業した世界的なIT企業。iPhone、iPad、MacBookなどのハードウエアだけでなく、iTune、iCloud、iOSなどのソフトウエアにも力を入れ、革新的なプロダクトを次々と市場に投入した。ジョブズの死後、二〇一一年からティム・クックがCEOを務めている。

スティーブ・ジョブズ（一九五五〜二〇一一年）

一九七六年、友人のスティーブ・ウォズニアックが自作した「Apple 1」を販売するため「アップルコンピュータ・カンパニー」を創業。八五年、アップルを辞め、ピクサー・アニメーション・スタジオを設立し成功に導くが、二〇〇〇年再びアップルに戻りCEOとなる。二〇一一年膵臓がんのため死去。

フェイスブック

世界最大のソーシャル・ネットワーキング・サービス。ハーバード大学の学生だったマーク・ザッカーバーグがハッキングで得た女子学生の身分証明写真をインターネット上に公開、投票させる「フェイスマッシュ」というゲームを考案したことからスタートした。

マーク・ザッカーバーグ（一九八四〜）

フェイスブックの共同創業者兼会長兼ＣＥＯ。ハーバード大学在籍中にソーシャル・ネットワーキング・サービスサイト「フェイスブック」を立ち上げた。二〇一〇年のタイム誌「パーソン・オブ・ザ・イヤー」にも選ばれている。

ベネッセホールディングス

一九五五年、岡山市で福武書店として創業。「進研ゼミ」が主力事業で、「赤ペン先生」と呼ばれる添削指導員で知られる「ベネッセコーポレーション」を中核とする。語学学校や介護など幅広く展開している東証一部上場企業。

マリッサ・メイヤー（一九七五〜）

アメリカＩＴ業界の実業家。グーグル入社後、検索製品およびユーザーエクスペリエンスを担当。入社六年後の二〇〇六年に副社長に昇格した。その後、旧ヤフー（現アルタバ）に電撃移籍。ＣＥＯとなったが二〇一七年、旧ヤフーがベライゾンに売却されるとともに、二三〇〇万ドルの退職金を受け取って退社した。

ジョー・ゲビア（一九八一〜）

Ａｉｒｂｎｂの共同創業者兼ＣＰＯ（最高プロダクト責任者）兼執行役員。ロードアイランド州の美術大学で、のちのもう一人の創業者となるブライアン・チェスキーと出会い、Ａｉｒｂｎｂを創業、一躍成功を収めた。

ニック・ウッドマン（一九七五〜）

ＧｏＰｒｏ Ｉｎｃ（ゴープロ社）の創設者でＣＥＯ。ＧｏＰｒｏとは、スポーツの動画撮影を目的とした、頑丈で防水の小型軽量デジタルビデオカメラのこと。自分自身がサーフィンをする姿を記録として映像に残したいと、身体や乗り物に装着する小型軽量のウエアラブルカメラを思いついた。

ジム・マッケルビー（一九六五〜）

アメリカ発のモバイル決済サービス、Ｓｑｕａｒｅを二〇〇九年にジャック・ドーシーと立ち上げた共同創始者。才能のあるプログラマーを業界トップの企業に斡旋する非営利団体「Ｌａｕｎｃｈ Ｃｏｄｅ」の共同創設者でもある。

MoMA（ニューヨーク近代美術館）

マンハッタンのミッドタウン五三丁目にある、現代アート専門の美術館。ニューヨーク近代美術館（The Museum of Modern Art, New York）の頭文字をとり「ＭｏＭＡ」と呼ばれて親しまれてきた。

高嶺格（一九六八〜）

秋田公立美術大学美術学部美術学科教授。映像インスタレーション、写真、彫刻の他、近年では自らが構成／演出した舞台作品も手掛ける。社会システムや集団意識による潜在的な抑圧や支配を、自らの身体を使った表現で批評的かつアイロニカルに表現している。

水戸芸術館現代美術ギャラリー

水戸市制一〇〇周年を記念し、一九九〇年に開館した複合文化施設。音楽、演劇、美術の三部門がそれぞれに、自主企画による多彩で魅力溢れる事業を展開している。館長は世界的指揮者の小澤征爾。

エドヴァルド・ムンク（一八六三〜一九四四年）

ノルウェーでは国民的な画家で、世界でもっともよく知られる名画の一つ《叫び》を描いた近代絵画の巨匠。慢性的な精神疾患で入院するなど、生や死に対して多大な関心を持っていた芸術家で、こうした主題を強烈な色彩や半抽象的なフォルムで描いた。

叫び

エドヴァルド・ムンクが一八九三年に制作したムンクの代名詞ともいえる油彩絵画作品。ほかにもパステル画やリトグラフなどで制作された、同じ構図の《叫び》が五点、存在する。ムンクには「不安」をテーマとした作品群があり、《叫び》はそのうちの一点である。

安藤忠雄（一九四一〜）

独学で建築を学び、一九六九年安藤忠雄建築研究所を設立。自然と建築の調和を追求する作風で知られる。フランス建築アカデミー賞、建築界のノーベル賞といわれるプリツカー賞ほか多数の受賞歴がある。

バックサイド・オブ・ザ・ムーン

直島の家プロジェクト、安藤忠雄による木造建築、「南寺」に設置されたジェームズ・タレルの作品。暗闇の中で、光を知覚するのを待つ、インスタレーション作品。直島を代表するアート作品のひとつ。

カート・ヴォネガット（一九二二〜二〇〇七年）

現代アメリカ文学を代表する小説家の一人。描く物語はシニカルなユーモアに溢れながら奥深く、名言に満ち溢れている。代表作には『タイタンの妖女』、『猫のゆりかご』などがある。

第3章 イノベーションを実現する発想法

【この章を読み解くためのキーワード】

「ビジョン」「自由」「主体性」／命がけの跳躍／コンテンポラリークラフト／ヴェネチア・ビエンナーレ／プロデュース・ビジネス

経験をすべてアートに昇華させる

ここからは、私が大学を卒業後、四〇年にわたり直島に始まるアートの最前線で出会ってきたアーティストたちの話をします。アーティストとは一体、どういった人たちなのでしょうか？　なかなか皆さんにとって身近な存在ではない人が多いでしょうから、解説を加えていきます。

アーティストというのは、成功法則や定石がないフィールドで、一人で直接的に社会と関わり合います。特に、才能溢れるアーティストは、タフで、戦略家で、野生動物のような力を持っています。「直接的に」社会と関わるアーティストの世界との関わり方こそが、インターネットなどの普及により、結果として間接的にしか社会と関わらなくなってしまった現代人が、見習うべき点かもしれません。

優れたアーティストは、常に自分が向き合っているものに対し当事者として向き合い、あたかも舞台の中央にいるかのような姿勢で臨みます。実際にそうであるかどうかは問題ではないのです。自らの視点を持ち、そこから世界を眺めているという自負を持っているのがアーティストであり、その自己に対する信頼が人一倍、強い人たちです。

アーティストというひとつのキャラクターがあるわけではなく、ビジネスパーソンのような人もいますし、学者ふう、政治家ふう、ホームレスふう、クリエイターふうなど、実に様々で、人の数だけアーティストの形は見受けられます。いいアーティストとは、生来の自分にうまく今の生き方を適応させていて、少なくとも社会的には強烈に個性がはっきりしている人だと思います。

また、リスクを顧みないという点では、ビジネスフィールドでいえば創業者マインドを持った人たちということになるでしょうか。自らの生涯をかけて投資し続ける人たちです。

私がベネッセに勤めていたころ、当時社長であった福武總一郎に「ビジネスを成功する秘訣は?」と聞いたことがありました。そのときに福武は、「成功するまで止めなければいい」と答えました。当たり前のことですが、それができるかどうかが成功の鍵でしょう。アーティストは、職業を選んだ時点ですでに「止めない」道を選んでいる人たちです。

私が直島で仕事をしていた時代に作品を制作してもらったアメリカのジェームズ・タレルは、実にインテリで大学と大学院において、知覚心理学、数学、地質学、天文学、芸術学などを学んでいます。その反面、実に豪快でかつ勇敢な性格かつアメリカの西部劇に出てくるヒーローのような人で、いざとなると「弱きを助け、強きをくじく」正義感に溢れた人です。

アーティストというと内向的な人をイメージするかもしれませんが、タレルはまったく逆の性格でした。趣味も多彩で、クラシックな飛行機に乗り、ハンフリー・ボガートとイングリット・バーグマンが共演した映画の『カサブランカ』のラストシーンに登場するロッキードL-12エレクトラというマニアックな機種の飛行機や他にも数機所有し、小型機は日常的に乗り回していました（私も何度かタレルが操縦する飛行機に乗らせてもらった経験があります）。

タレルの若いころの話ですが、中国がチベットに侵攻した際には、チベット僧を国外逃亡させる仕事をして、二度、中国軍に撃墜された経験を持っています。相当に飛行技術が高かったようで義勇軍として志願し任務にあたっています。当時、一六～一七歳だったようです。当然、生死をさまよった経験を持ち、治療のために日本に滞在し、そこで親日家になりました。その後、アメリカに戻り、飛行の腕を見込まれて、トム・クルーズが主演する映画『トップガン』のジェット機の戦闘シーンでは、アクロバット飛行の代役を務めていました。

タレルほど多才な人も稀ですが、我々が思うよりもアーティストたちは、活動的で社会的です。女性であれ、男性であれ、欧米人であろうが、アジア人、アフリカ人であろうが、皆一様にタフなのです。そして自分が生き、経験したことに対して誇りを持っていて、それらの経験をすべてアートに昇華していこうとするのです。幸運も不運もなく、すべてをアートに変えていくのが、アーティストなのではないでしょうか。

障がいを持つアーティストも数多くいますが、彼らはそれらを乗り越えて、あるいはそれとうまく付き合いつつ、強烈に生きている、生命を全うしようとしているのです。自分の全てを賭けるそこに私は、人としての真実を感じるのです。

「孤独」あるいは「勝手」な存在

アートは、思考と感性の純粋な表現物として進化してきました。

制作する主体である画家や彫刻家といったアーティストが、自らの想像力と意志により制作したのが、アート作品です。そのためアートは、まったくのアーティスト本位の産物だということです。例外を除いて、クライアントはおらず、誰かに依頼されてつくるといったものでもないのです（たとえクライアントがいたとしても、自由に制作するという基本姿勢は変わりません）。

アートが、「誰かに依頼されたわけでもなく、アーティストの独自の思いによって誕生する」というのは、興味深い点です。これは、「勝手に制作している」わけで、自分のためにつくっているということを意味します。

もし自分以外が「誰もいらない」と言えば、それは「アート作品として成り立つのか」。このような問いは、興味深いですが、アートは表現物であるという限りにおいて、特定の相手を必要としなくても成り立つものです。そのような観点から考えると、アートはデザインとは明らかに異なっていて、「孤独」あるいは「勝手」な存在です。

これは、何らかの組織に属し、その中で仕事をするビジネスパーソンにとっては、想像もできないような環境でしょう。自由が与えられる代わりにすべてが自分次第、一切の社会的・経済的な後ろ盾がないのですから、まさに度胸のいる生き方です。

前例のないアートを探求するアーティストの孤独は、ときに自ら事業を立ち上げた創業者の孤独と対比されますが、インターネットのアパレル会社の経営者であったZOZOの前澤友作がバスキアに感情移入し、自らの手元に置くために百数十億円を使って購入したのも、その才能と同時に孤独への共感もあったのかもしれません。

「自由」で「主体的」な存在

直島時代に、世界的に有名な建築家の安藤忠雄と建築とアートの違いの話をしたとき、やはり「クライアントが存在する、存在しない」の話題になりました。その後、安藤が、現代アートの奇妙奇天烈さを思い出したのか「あれはあかんでー!」と笑いながら話していたのを思い出します。安藤の建築は超個性的です。ときにクライアントが「住めない」と漏らすほど自己表現が強い安藤から見ても、現代アーティストというのは、強烈に自我が強く、自由な人たちだということです。

皆さんにそのままアーティストのようになれとは言わないですが、組織にいる場合も独立心と心の自由は、持ったほうがいいでしょうし（今の時代はむしろこのような精神を持つべきかもしれません）、むしろ組織と自分の望みが一〇〇パーセント一致するという方が、気持ちが悪いでしょう。また、組織から独立して、自ら事業を立ち上げていくようなタイプは、アーティスト的な気質の人たちが多いという気がします。アーティストは、総じてＫＹ（空気を読まない）ですが、ビジネスパーソンもそれと同じくらいのほうが個性的な仕事ができると思います。

アートは、「自由」で「主体的」な存在です。それをつくり出すアーティストも「ビジョン」を持ち、それを実現することを優先する「自由」な心を持つ「主体性」がある人たちです。

クライアントがいて、その人たちと向き合い、課題を解決するために提案をするデザインと比較すると、アートはずいぶんと好き勝手な存在のように映るでしょう。ただ、社会に対する目的の設定の仕方がデザインとは少々異なり、長期的な視野に立った普遍的な命題となりがちであると考えれば納得がいくかもしれません。

このような存在ゆえ、芸術というのはよほど運がよくなければ社会的かつ経済的に報われません。例えば、現代アートが前衛といわれた二〇世紀初頭から中盤までは、現代アートは明らかに時代の片隅にいて、過激なことを言っていた少数派でしかなかったのです。経済的にも恵まれませんでした。ところが一九五〇年代、六〇年代頃から、現代アートはアメリカを舞台に拡大し、アートの中心的な潮流になっていきます。八〇年代、九〇年代には、世界の美術史を現代アートで塗り替え、今や世界の隅々にまで拡がっています。

現代アートの流れを振り返りながら思うのは、たとえ今は少数派であったとしても決して諦める必要はないということです。時代が変われば、流れが変わり、周辺のものが中心に躍り出ることはいくらでも歴史の中ではあるのです。このように、どんなものでもメインに躍り出る可能性を秘めているのですから、そのためには強い信念を持って一貫した姿勢で続けていくことが大切なのです。

世界の流れを読み、自分の特徴を知る

ゴッホのような狂気の天才とは一線を画して、きわめて理性的な態度で美術史に革命を起こしたアーティストたちもいます。

ご紹介するのは、固有色を無視して自らの内面に忠実に色彩を駆使し、色彩の革命を起こしたフォービズム（野獣派）の旗手、アンリ・マティスです。マティスの起こしたフォービズムは、赤や黄色、緑などの原色を大胆な筆致で描くもので、当時は暴力的にすら見えていたものでした。マティスは絵画史の流れを学び、歴史を俯瞰することで、自らの表現の位置づけを相対的に理解し、次の時代の絵画として戦略的にフォービズムを実行しました。マティスは、ゴッホやゴーギャンが試みた色彩での感情表現のバトンを受け取る形で、意図的にこのような大胆な作品をつくり出して、世に問うていたのです。

ゴッホは毛糸玉を使って補色を独学で研究したといわれていますが、二〇世紀初頭には、私たちの脳が外界から受ける光のシグナルをどう受け止め、色を認識するかという色彩理論が画家たちに普及していきました。マティスはそうした理論を参考にしながら、科学的態度で色を選び感情を表現していったのです。

大胆な筆致と色使いから「フォーヴ（野獣）」と呼ばれたマティスでしたが、当人はいたって頭脳明晰かつ理知的な人物で、伝統的な絵画の技法もしっかりと身につけた上で、美術史のコンテクストの流れに乗りながら、フォービズムを世に送りだしていたのです。戦略的に自らをプロデュースするというアーティストは、どんな時代にもいるわけですが、今も変わらず必要とされる能力です。

一〇〇年ほど現代に近づけて、次に紹介するのが、杉本博司です。今や世界でもっとも有名な日本人アーティストの一人となった杉本も、きわめて戦略的な活動を見せています。ニューヨークを拠点にする杉本は、まだ美術の表現として確立していなかった写真を活用して、日本的な緻密さをミニマリズム、コンセプチュアリズムという欧米の美術の中へ移植し、世界的な評価を受けたアーティストです。

一度、世界の舞台で評価を受けた後、杉本は次にそのポジションを活かして、平安時代や江戸時代の中に眠る日本美術の独自の装飾性や平面性を再評価し、日本の古典的な様式美を世界的な文脈の中に置き直しました。世界から見れば土着的で地方色の強い日本美術を世界の美術の文脈の中で見せていったのです。それだけにとどまらず、建築や庭園の設計にまで手を広げて、自分の理想とするアートサイトを小田原に実現しています（小田原文化財団　江之浦測候所）。日本美術を現代の文脈に置き換えて、現代アートとして提示しているところが、杉本のすごいところです。

杉本は、ニューヨークで現代アートを始めたこともあり、世界のアートのスタンダードは欧米にこそあるということを痛いほど肌で感じてきた人です。非欧米のアートは、周縁であることを知り、欧米のコンテクストに組み込まれることでしか認められることはないと冷静に分析していました。その考えに沿い、杉本は、戦略的に写真の分野でまず世界的に知られてから、建築、庭園などの総合的な表現へと向かっていったのです。

写真という表現によって、世界的なアートの文脈の中でポジションを築いた上で、自分の本当にやりたいことを実行していったのです。

杉本の一見折衷的な表現には、賛否もありますが、「世界のルールで戦う」ことは、一貫しています。アートにおける「文脈を大切にする」ということは、ビジネスの世界でも大切なはずです。世界の流れを読み、自分の特徴を知る。もしかすると、そこにイノベーションを起こすためのヒントが隠されているかもしれません。

走りながら考える

アーティストには直感、ひらめきも大事です。例えば、岡本太郎。岡本は、著書の中で次のように述べています。

「気まぐれでも、何でもかまわない。ふと惹かれるものがあったら、計画性を考えないで、パッと、何でもいいから、そのときやりたいことに手を出してみるといい。不思議なもので、自分が求めているときには、それにこたえてくれるものが自然にわかるものだ」（『強く生きる言葉』イースト・プレス）

パブロ・ピカソも、まったく計画性がなく、行き当たりばったりで創作を行っていた人でした。ピカソの創作意欲はすさまじいものでしたが、決まったルールや日程といったものはなかったといいます。

ピカソはひとつの作品を完成させる前に、新たな芸術的直感がひらめくため、未完成の状態で放置された絵も多く、親友のサバルテスによれば、「思いついたことをやり遂げる前に、すぐ他のことに着手するので、ひとつのことをやり遂げる時間が到底ない」と何度も語っていたそうです。

芸術家と聞くと、つい岡本太郎やピカソのような、インスピレーションがとめどもなく湧き上がってくるような天才肌の人を連想するかもしれませんが、インスピレーションだけに頼らずに、創作している芸術家も多く存在します。

「白鳥の湖」「眠れる森の美女」「くるみ割り人形」などの名曲を残した、クラシック音楽界の巨匠チャイコフスキーは、次のように述べています。

「インスピレーションを待っていたら何も書けない。私は毎朝必ず作曲をする。そうすると神がインスピレーションを送り込んでくださるのだ」

小説家の村上春樹も雑誌のインタビューで、こう答えています。

「とにかく自分をペースに乗せてしまうこと。自分を習慣の動物にしてしまうこと。一日十枚書くと決めたら、何があろうと十枚書く。（中略）いま僕がそう言うと『偉いですね』と感心してくれる人がけっこういますけど、昔はそんなこと言ったら真剣にばかにされましたよね。そんなの芸術家じゃないって。芸術家というのは気が向いたら書いて、気が向かなきゃ書かない。そんなタイムレコーダーを押すような書き方ではろくなものはできない。原稿なんて締め切りがきてから書くものだとか、しょっちゅう言われていました。でも僕はそうは思わなかった」（『考える人』新潮社／二〇一〇年八月号）

実際に岡本太郎やピカソのような創作意欲の塊を除けば、多くのアーティストは偶然のインスピレーションが降りてくることに対して、過度の期待を寄せていません。むしろ大成しないアーティストほど、考えてばかりで手を動かそうとしていないのが実情です。とりあえず走りながら考える、そうしていると自然と集中して、インスピレーションに恵まれることもあるのです。

自分の内側から湧き上がるものに向き合う

デザイナーは自分の外側にある課題に向き合う、それに対し、アーティストは自分の内側から湧き上がるものに向き合っています。そこにフレーム（型）はありません。アートというのは過去のフレームを破壊した上で、新たなフレームをつくり出し、時代やパラダイムを進めていく作業といえるでしょう。

新たなフレームをつくるときに、マーケティングは役には立ちません。なぜならアートは、市場ではなく常に自分自身の中にあるためです。ただし、アーティストの中から表れるものも、正確にいえば、世界のどこかにあるものが「アーティストを通して」出てくるものです。

このようにアーティストは、情報媒体、つまり一種のメディアでもあるのです。

ビジネスの世界でも、破壊的イノベーションは、マーケティングからではなく「それをやってみたい」「やらずにはいられない」と考える人の内側にある衝動から生まれてくるのではないでしょうか。

アップルの元副社長（マーケティング担当）として、二〇〇五年から二〇一一年までスティーブ・ジョブズとともに働いていたアリソン・ジョンソンによれば、ジョブズは「マーケティング」という言葉を嫌い、次のように述べたといいます。

「顧客が望むモノを提供しろという人もいる。だが、私の考えは違う。顧客が今後、何を望むようになるのか、それを顧客本人よりも早くつかむのが我々の仕事なんだ」

炭鉱のカナリアのようにジョブズも、鋭い嗅覚で「次の時代のニーズ」をかぎ分けていました。「内なる声を聞け」。ジョブズがそうスピーチしたのは有名ですが、彼もまた自らの衝動に突き動かされていた。重要なのは、いかにして内なる声を聞くことができるかでしょう。

ジョブズは、禅に傾倒していたことでも知られています。禅こそ、現代アートの思想傾向でお話しした哲学的な視点と日常的な視点を同時に持つ宗教です。

多くの宗教が「大きな思想」にのみ注意を向ける傾向があるのに対して、禅は「大きな思想」と「小さな日常」のギャップを埋め、両者の両立を目指して日々の修行＝生活を送る実践の宗教です。一つのドグマ（教義）にとらわれずに、いかに高い次元の生活ができるか、固定化された教義よりも生き方を問います。

米西海岸の知識人が戦後に探求した東洋哲学をベースにした精神文化に影響を受けたジョブズは、禅に興味を持ち、そこから「経験」と「直感」を大事にする姿勢を学びました。ジョブズが手掛けた革新的なプロダクトは、禅の思想の影響を非常に受けているといわれています。また、前述のジェームズ・タレルや杉本博司は、西海岸の精神文化に影響を受けたアーティストたちです。

感動とは、「命がけの跳躍」

脳科学者の茂木健一郎は、事象の読み取り方や捉え方を「文脈（コンテクスト）」と「感動」という二つの要素から語っています（『地中トーク2　美を生きる』脳の中の美を求めて――相互作用する個物はいかに再び個物となるか）。

一般的に物事を理屈で理解するのは理にかなっていて、その方法の中でも文脈を読み取るという方法は役に立ちます。そのものの成り立ちや歴史、あるいは目的や役割などをひとつながりの流れの中で読み込むと納得しやすいからです。物語といってもいいのですが、前後関係を整理し、流れをつくることは、物事を整理して理解するのに役立ちます。

一方で、それだけではわかったことにならない、まだ理解が浅く、本当に物事の本質を捉えているとはいえないのです。なぜならばその時点では、自分との関係において深く関係づけることができたとはいえず、そのもの全体を理解したといえないからです。そのもの（まさに目の前にあるもの）が「わかる」ためには「ガッ」と一瞬で理解する、捕まえるような心のあり様が必要だと、茂木はいうのです。

茂木はそれを「命がけの跳躍」という言い方で表しています。もう少しわかりやすい言葉に置き換えると「感動」です。ちなみにこの状態を禅では「悟り」と言いますが、直感と言い換えてもいいかもしれません。

ちなみに茂木の脳理論は「クオリア」というキーワードを巡るものです。クオリアとは意識の中の「質感」というふうに茂木自身は、述べていますが、「命がけの跳躍」、「深い感動」によって心の中に芽生えるのがこの「クオリア」という、深さを持った記憶＝経験です。

茂木は、小林秀雄の芸術批評を取り上げた際に言及していますが、この感動にも理解の深さの程度があり、浅いものもあれば、深いものもあるといいます。そして小林秀雄の「感動」をベースにした評論には、非常に深く物事を心で理解する、あるいは自分に引き寄せて実感を伴って理解するということであって、このような出来事は、一人の人間が生きていく上で、非常に重要だと結論づけます。なぜならば「感動」という行為により生を実感し自分を成長させるからです。

小林秀雄の「ゴッホ」や「モーツァルト」などの批評について、中には「たんなる素人の印象批評だ」という言い方で、彼の専門性に対して疑問の声を上げ、揶揄する人もいますが、茂木は小林秀雄の「印象批評」の凄さに感服し、これこそが本来の意味を理解することだといっています。

感動とは文脈に解消されない固有の体験であり、だからこそ重要なのです。それは、あなたが世界と出会った証しであり、アーティストが世界を眺めているときと同じ感覚でもあるのです。重要なのは、普段の仕事や生活から離れ、ときには一人、自分と向き合って自分の内側から湧き上がるものを眺めてみること。その内なる声に従うことで、新たな視野が開け、自分の殻を破るきっかけになるかもしれません。

伝統産業に見るイノベーションのジレンマ

以前、輪島塗の勉強会を主催するメンバーから「輪島の良さを活かして、もっと新しいものを生み出すワークショップ」を行ってほしいという依頼を受けたことがあります。輪島塗の伝統技法を使った本格的なものですが、デザインが垢抜けず時代に取り残されてきたというのです。

私はメンバーに対し「コンセプトから考えましょう」「アーティストになりましょう」とその場で呼びかけました。「どうやってつくるのか」ではなく「何をつくるか」を考える訓練をしたかったからです。

実際に日本の現代アーティストの田中信行や青木千絵は、「和」の素材である漆を用いて、まったくこれまで見たことのない漆の巨大な作品を制作しています。直径一〜二メートルの大きな抽象彫刻作品をつくり、漆の独特な色彩と反射からなる、イノベーティブな視覚的にも驚きに満ちた作品世界を創作しているのです。

私は、そうしたものが輪島塗でもできる可能性があるということを伝えたかったのです。ところがメンバーからなかなか具体的なアイデアが生まれてこないのです。「自由にどんなものでもいいので、荒唐無稽なものを考えてみてください」と言ったのですが、メンバーは悩んだきり、前に進みません。これまで制作してきた形を超え出ることができないのです。

彼らは確かに「作家」ですが、現代アーティストのように、コンセプトから作品をつくりあげる人たちではありません。つまり、思考法が異なるのです。工芸の作家たちは、「手でものを考える」、つまり材料と技法から物事を始める職人気質の人が多いため、勝手な絵や無責任なプランを描くことができないのです。

実は、職人的なきっちり一分の隙きもない制作プロセスが、工芸のイノベーションを阻害する要因となっているということも考えられるのです。通常、「完成度の高い技術」は、いいものとされます。しかしながら、ダーウィンの進化論でも指摘されているように、時代への過剰適応の結果、生存競争に生き残ることができないということと同様、完成度が高い分、新しい時代に向けてのイノベーションにとって足かせになるということも十分考えられます。

イノベーションを起こすということは、古い殻を文字どおり破ることです。イノベーションを内部から見ると、それは解体された状態となり、古い視点から見れば破壊ともなるでしょう。しかし、それに一歩踏み出せるかどうかが、勝負の分かれ目なのです。

伝統にも「跳躍」の瞬間がある

登山家の三浦雄一郎が、三度目となるエベレスト登頂を八〇歳の世界最高齢で成功させたときに携帯したのが、〝ちょもらんま〟と名付けられた漆のお椀でした。

人間国宝の室瀬和美が、デザイン、制作した漆のお椀です。三浦が「登山中には温かいご飯も汁も諦めている、八〇〇〇メートルにもなる過酷な場面では仕方のないこと」と語ったことが、室瀬が、高山でも使うことができる漆椀をつくるきっかけとなりました。およそ木に漆などを塗ったものがアルミ製に勝てるわけはないと考えがちですが、実際に三浦が携帯したところ、過酷な環境においてなんの遜色もないどころか、保温性に優れるため温かい食事もでき、非常に使いやすかったというのです。

実際にそのお椀を見せてもらいました。細かなスリ傷はついていますが、まったく問題なく今でも使用できる状態なのです。なぜそれほど木と漆が強いのか。実は漆を使っている人にとっては、これは当たり前のことだと言います。

縄文時代から使用されている漆は、非常に強い保護膜をつくる接着剤で、ここ一〇〇年ぐらいで出来上がった科学塗料よりもはるかに安定した素材です。それを私たちが忘れていただけなのです。三浦の登山がきっかけで改めて漆の強度を一般の人に知らしめることになりました。ある意味では先祖返りのようなイノベーションも自分の使っている材料をよく知っているからこそできることで、技法材料をベースにイノベーションを思考する工芸的なアプローチには、このような材料の研究から考えるということが、よいのかもしれません。

漆の現代アートへの転用も登山用のお椀への改良も、どちらも革新的なアイデアが必要なのは確かで、極端なことをいえば、革新の方向性はどちらを向いていても構わないのです。それが前のものと断絶していると感じるくらい、アイデアの跳躍が必要なのです。

普段はダメだと思っていたことが、案外、逆に可能であったりするのはよくあることで、先入観が私たちの眼を曇らせるのです。漆椀を八〇〇〇メートルの高地まで持っていったことなど今までなかったわけで、現代にはじめて起こった現象です。このように新しい条件により、新たな可能性が開くのです。

一見歴史的に連続して見える伝統も実は「跳躍」のような瞬間があり、まったく異なった文法によって組み替えられてきた時期があります。それは、それに関わっていた人たちにとって見れば、破壊に近い現象であったに違いありません。しかし、その破壊的なイノベーションにより伝統が延命しているのですから、長い歴史から見るとこれは一場面でしかないのです。

自分をよく知るということは非常に重要で、これこそが何にもまして学ぶべき対象です。それもクールに自分自身を見ることができれば申し分ありません。自分の弱点を見るのは、誰にとっても嫌なことですが、自己憐憫を抜きに自己分析を行い、それを強みにしていけるような力を持ち、弱点に冷静に向き合えれば、かなり強みとなります。

コンテクストとして俯瞰できる商品

私は、美大生に対する作品の講評のときに、「技巧を磨くことはもちろん大切ですが、やたら技巧に走ってしまい、仕上がりがきれいなだけでコンセプトの弱い作品をつくって満足していると、その先がない」とよく言います。学生は、職人と異なり、ひとつの専門的な技法を学ぶ時間が短いという事情もあり、自分の方向性を早期に見極めるために、一作品ごとに自分の立ち位置をしっかり確認することを促します。

そのとき、アートの創作に関わる者にとって大切なのは、「自分の仕事の前後関係」をしっかりと考えることです。今回、つくった作品は前の仕事とどう関係しているのか、そしてこの作品が次にどうつながっていくのか作品の前後で形成されるコンテクストを見極める方が、ひとつの作品の出来不出来よりも実は重要なのです。

その作品が、その学生の芸術活動の流れの中で、どういう位置にあるのかを自分自身で俯瞰して眺めることができる、つまり自分自身を相対化することができる学生は、アーティストとしての第一歩を踏み出すことができるのです。

美術史に文脈があるように、個々のアーティストにも個人史の文脈が存在します。

プロのアーティストの作品全体を俯瞰してみると、個々の作品間には何らかの関連性が存在し、共通する要素ごとにシリーズ化することも可能です。また逆に同じ作家の中にも、いくつも異なった要素が存在しながらも、それらがさらに高次のコンテクストをつくり出していたりもします。

私は、このような文脈形成は、製品を長い目で製造するときやサービスを提供するときにも応用できるのではないかと思うのです。これは、製品やサービスを支えるコンセプトというものでしょう。よく日本製品とヨーロッパの老舗ブランド品との比較で「付加価値が高い」や「付加価値が低い」という言葉で語られるブランド力に相当するものがあるでしょう。

その製品の背景となる歴史や哲学になると思いますが、それはひとつの製品を超えた総体がつくり出す一貫性でもあります。

これは、コンセプトの一貫性、製品をつくる哲学の一貫性、あるいは背景となる思想の一貫性で、その製品の歴史的なコンテクストと言い換えてもいいでしょう。日本にはいくつもの伝統産業があり老舗企業がありますが、長い伝統を保ちながらイノベーションを起こしていくためには一貫した強力なコンセプトが必要です。

日本の製品開発は、ともするとコストカットに走りがちです。「とにかくいい製品を低価格で」と思いすぎて、ひたすらコストカットに向かいます。もちろん価格競争の中から、新たな技術開発が行われることもあるでしょうし、いい品を安く提供するということは素晴らしいことです。しかしながら、その方向だけで製品を開発していくだけでは、ジリ貧になるでしょう。

つい最近、日本の竹工芸や陶芸が、欧米で日本国内の数十倍という価格で売買されるという出来事が起きました。現代の浮世絵現象のように国内では価値の低いものと思われていた竹工芸や陶芸が、欧米で評価され高値がついたのです。

それら工芸はメトロポリタン美術館などでも展示され、アート作品になってしまいました。これは、いまだに自分たちがつくった価値を自分たちで見定めることができない、評価できないということの証です。このようなことが起きたのは、アメリカのギャラリーや美術館、コレクターが、日本の工芸の価値を発見して独自の評価をしたからです。情けないのは、日本人が自らの力で価値付けを行い、マーケットを築けないという点ですが、価値を自ら発見できないという同様のことをビジネスの世界でも行ってしまっていないでしょうか。

日本人はすぐに価格を安くすればいいと考えがちですが、欧米では逆に付加価値の値踏みを心得ていて、高値で売買します（彼らにいわせれば適正価格）。このあたりは、美術界もビジネス界もチャレンジが必要でしょう。価値を見失わないためにも長期的で俯瞰的な視野が必要なのです。

「工芸」の未来に向けた新たな可能性

現代アートにおいて国際的なトレンドが展開される場が、いくつか存在します。

一つは、「アルスエレクトロニカ・フェスティバル」のようなデザインやＩＴ、あるいはＡＩなどの先端のテクノロジーやサイエンスと結びついて、近未来的な想像の世界をつくり出しているところが挙げられます。もう一つは「ドクメンタ」や「ヴェネチア・ビエンナーレ」のように、現代アートの政治性や社会性を最大限に引き出して、現代の課題や社会問題を共有化していく思考の実験の場としての国際展です。

現代アートにとって重要な「新たな問い」が発信される場は、このような場から生まれてきます。しかし最近、かつての視点と異なる場が生まれてきました。これは、まだ始まったばかりで、どれくらいの影響力を今後持つことができるのかは、未知数ですが、私はある種の新しい現代アートのトレンドを感じ取っています。

現代の世界的な政治状況を見るにつれ、世界各国においてグローバル化に対する懐疑が、湧き起こっています。理念的な正しさやＧＤＰなどの経済指標だけで評価された世界に嫌気が差しているという現状が、あるのでしょう。そのような中で、地域主義的な動き、つまり土地や固有の歴史に根差すものを再評価する動きが、出てきているのです。

その動きは、美術の世界では「工芸」の領域において見受けられます。工芸といえば、伝統産業における、陶器や漆のお椀といったものをイメージされる方も多いと思いますが、伝統技術が、最新の現代アートやデザインと出会うことで、未来に向けた新たな可能性を生み出しているのです。

例えば、世界的な現代アーティストであるアニッシュ・カプーアは、美しい表面を持ったユニークな姿の立体作品をつくることで有名です。代表作に、シカゴのミレニアムパークに設置された巨大彫刻《クラウド・ゲート（通称ザ・ビーン）》や、金沢21世紀美術館にも常設された《世界の起源》がありますが、その彼が、漆の技法を使ってまったくこれまでに見たことのないような立体作品を制作しました。

先ほども言及した日本文化に造詣の深い杉本博司は、伝統的な工芸技術を現代アートに転用することで、合理的な職人の技術力やエコロジカルな材料の扱い、完成度の高さなど、改めて新しいプロダクトのあり方として職人技術を評価し、自分の作品に積極的に取り入れています。

これはほんの一例ですが、このように現代アートの中にも新たな素材技法として伝統的なものが、入り込んできているのです。グローバル化し、均質化していく社会の中で、かえって一つの個性として浮上してきています。

ものの持つ手触りや魅力の見直し

二〇一七年、世界最大のアートフェアの開催地であるスイスのバーゼルに、突如、「バーゼル・トレゾア・コンテンポラリークラフト」という国際クラフトフェアが、登場しました。アートフェアの世界的な開催地に、ついに工芸も登場したと、業界では話題になりました。現代アートが拡張のピークを迎え、停滞し、価格も小休止をしているタイミングだっただけに、現代アートの拡大は、とうとう工芸という別の震源地を生むのかと噂されました。

工芸と現代アートのハイブリッド化したアートに対して、ニューヨーク、ロンドン、日本など、世界各地で登場し始めたタイミングで、現代アートのコレクターの中で新しいトレンドを探している狩猟度の高い人たちが、この動きを注目し始めていました。皆が工芸の可能性を探っていただけに絶好のタイミングだったのです。

有機素材を使用する工芸と職人技術を再評価し、今のものづくりやアートに活かそうという発想は、アートへの新しい挑戦で、アートのフィールドを押し広げていく可能性を秘めていますが、これは同時にデュシャン以来のコンセプト重視の現代アートの考え方を根本から覆すものでもあるのです。つまり、テクノロジーが進化し、情報化が進んでいき、人と人のつながりが弱まり、人とものとの関係までもが希薄化してきた中で、改めてものの持つ手触りや魅力を見直そうという動きです。

工芸の国際的なプラットフォームづくりへの模索は、これだけにとどまりません。スコットランドのエジンバラで開催準備が進んでいるクラフト・ビエンナーレ・スコットランドやロンドンのクラフトウィーク、韓国のチョンジュ・インターナショナル・クラフト・ビエンナーレ、私が一、二回目のディレクターを務めた金沢・世界工芸トリエンナーレなど、新しい文化の創造とものづくりの可能性を探求する国際的な動きが、生まれています。

私自身も、金沢21世紀美術館時代に、現代アート化する工芸や新しいトレンドをつくり出している工芸を紹介する「工芸的ネットワーキング」「工芸未来派」などの展覧会を行い、これらの展覧会を台湾やニューヨークへも巡回させてきました。

こうやって今までにないアイデアや価値を自ら発信して、新たなトレンドをつくり出していくことで自分に流れを引き寄せるのです。これは、自分の思っているビジネスにピッタリとハマる場所がなければ自分でつくってしまえばいいという発想です。

ロエベのブランディング戦略

新しいものができた後には必ず踊り場が出現し、一度停滞する時期が訪れます。

エジンバラでクラフト・ビエンナーレ・スコットランドやバーゼル・トレゾアは、何らかの理由で延期になり、金沢にしても工芸施策は紆余曲折を経て今に至っています。

そんな中で、ロエベのクラフトプライズは三回目が日本で開催され、工芸の現代化を期待する関係者から熱い眼差しを浴びています。ロエベは、スペインに本拠地を置く高級ブランド企業で、ルイ・ヴィトンなどに代表されるＬＶＭＨグループに属します。

ロエベが、世界のコンテンポラリークラフトのプライズを設けたことで、新しい工芸の潮流を形成するのではないかと期待されているのです。伝統的な技術にデザインや表現の新しさを加えて、工芸の次なる展開を予感させる作品をロエベは積極的に評価しており、現代アートの美意識とは異なった工芸らしさを追求しています。

工芸の振興に貢献しようという目的で設けられた同賞ですが、その一方でロエベの企業ブランディングと新商品開発に工芸を活用して、他社との差別化を図っていこうという狙いもあります。

ファッションブランドのブランディングは、商品の売れ行きを左右するだけでなく、ブランドの生死を決める重要な問題です。彼らはかつて自社の製品を巨額の費用を使い広告を行ってきた時代を経て、今ではアートの付加価値を使って自社の商品のブランド力を高めています。これはロエベだけでなく、多くのファッションブランドがすでに先行して現代アートと組んでブランディングを行ってきて、実績を積んでいるのです。

ルイ・ヴィトン、プラダ、カルティエのような現代美術館を持つ企業もあります。現代版メディチ家としてスポンサーになることで、自社のブランディング力を高めているのです。

二〇〇〇年以降、現代アートと高級ブランドビジネスは接近してきています。

ロエベは他のブランドと比較すると後発組であるために、これまでのブランディングとは異なった手法を採用しました。あえて職人的なテイストが残るコンテンポラリークラフトを自社のブランディングに使用し、エッジの効いた現代アートとは一線を引きました。工芸の好きな人たちは、現代アートファンよりも保守的で女性が多いという傾向もあります。ロエベは新たな顧客の開発に乗り出すために、他社と異なるブランディングに打って出たのです。

現代アートのように価値の高いものとしたいコンテンポラリークラフトと、他社のブランドと差別化を図りたいロエベの利害が一致して、これまでにない結びつきを生み出した例です。これらの動きは一種の賭けですが、うまく行けば先行的な動きだけに大きなアドバンテージを得ることができ、何よりもまったく新しいマーケットが出現する可能性を秘めているのです。

アルティメットな場で生きる

ここで強調したいのは、先ほどお話したとおり「場所（マーケット）がなければ自分でつくれ」ということです。そのためには、今まで見たことのない新しいものであることが条件となり、作品の外観やデザインだけでなく、コンセプトやコンテクストの面において革新性が求められるのです。

スポーツに例えると、既存の伝統的スポーツではなく、新しいルールによる新しいスポーツをつくり出すようなものです。そうであればこそ、これまでに見たこともないものを欲するでしょうが、アートも同じでまったく想像を絶するものがいいのです。

既存のスポーツの中でいいプレイヤーとして活動するというアーティストがいてもかまいませんが、現代アート界の人間は、どちらかといえば新スポーツをつくり出すような、これまでにないアートをつくり出すことが好きな人間たちです。なぜなら、まったく新しい場ができることで、これまでにないアートの場所が出現し、これまでよりもさらにアートの可能性が拡大するからです。

ビジネスの場であれば、すぐに顧客の動向を気にするところでしょうが、アート界は、ビジネス界に比べれば鷹揚な気がしなくもありません。しかしながら、どこかのタイミングでアートとして承認されて、マーケットを生み出す必要があります。こればかりはビジネスセンスのある皆さんのほうが、絶妙なタイミングをご存じなのでお聞きしたいところです。

ここまで、三つの異なる大きなアートの潮流を紹介しましたが、思い出してもらえるでしょうか。

一つ目は、「アート、デザインとサイエンスの融合」といえるようなアートの潮流。メディアアートの世界的なイベントとして知られる「アルスエレクトロニカ・フェスティバル」において、私たちが見ることができるようなものです。

二つ目は、欧米の美術史の発展型であり、「コンセプチュアルな現代アート」を中心に展開していくアートで、アートの世界では主流を形成していて、グローバルなアートの潮流です。歴史と社会の課題を重視するタイプ。ヴェネチア・ビエンナーレ国際展やドクメンタなどを主な場所とするものです。

三つ目は、「アート、デザインと職人技術、工芸の融合」とでもいえるような潮流。私が関わった現代アート化する工芸や準備中のスコットランド・クラフト・ビエンナーレのような新しい動向です。

これら三つの動きは、現在進行形で今日のアートの場を形成しています。三者三様で主体も違えば、考え方も異なります。互い同士を意識することはほとんどありませんが、俯瞰してみれば、それぞれの流れが次の時代のアートをいかに形成するかを巡って競い合っているのです。それはときに陣取り合戦のような様相を呈し、アート界を動かしています。現代アートがどちらに動いていくのかは、誰も予測できないのです。

ビジネスにおいても、どちらに動くのかどこに向かうのかなど予測もつかないでしょう。それでも自分で未来の方向性を読み切り選んだ道にかけていく気概と度胸は欲しいものです。かつてある政治家が「二番ではダメなのか?」という質問をして周りを呆れさせたことがありましたが、少なくとも現代アートの場合、二番煎じはダメです。一番乗りがすべてで、そんなルールの場所などないと言われれば、それを自分でつくればいいという気概で進まないと気圧されてしまいます。現代アートに関わるということは、アルティメット(究極)な場で生きるということなのです。

「フェイス・トゥ・フェイス」の重要性

直島時代に、私はイタリアのヴェネチア・ビエンナーレを毎回訪れました。ベネッセ賞という若手への賞の授与と直島の宣伝のためです。

なぜこんなプレビューのタイミングで賞の授与と直島の宣伝を行ったのか。それは直島のことを知ってもらい、話題にしてもらうためには、世界のアートを牽引するトップのアート関係者が集うこのタイミングが、最も効果が高いからです。いってみればこのタイミングで集まるのは、皆、内輪の業界人ですが、その影響力たるや凄まじいものがあります。

著名なアーティスト、美術館長、キュレーター、美術評論家、美術ジャーナリストといったアートセレブが世界中から集まり、会場を盛り上げるのです。この最もホットなこのタイミングで直島のことを知ってもらうのが、一番効果的な宣伝方法でしょう。

直島への来島者は、七割が海外の人、三割が日本人といわれています。それも海外から訪れる人々は、いわゆるセレブといわれるリッチな人々、大学教授や研究者などのアカデミシャンらです。なぜそれほど海外で知られているか、それも世間に影響力のある美術関係者や美術愛好家に知られているかといえば、私たちがヴェニスの場で毎回プロモーションを行ってきた結果もあるのです。

広いビエンナーレ会場を関係者は一日中歩き回り、体力だけでなく神経も使い果たすので、そのタイミングでみんなが集い気軽に交流できる場を探しています。それがあれば、申し分ないでしょう。そのためにベネッセが交流の場を主催し、話題づくりのために新人賞を出したのです。

審査員にはオノ・ヨーコ、元森美術館のデビット・エリオットやダニエル・ビーンバウム、ハンス・ウルリッヒ・オブリストなど、今ではトップキュレーターやディレクターが名を連ね、毎回入れ替わりで審査にあたりました。受賞者も、蔡國強、オラファー・エリアソン、ジャネット・カーディフ&ジョージ・ビュレス・ミューラー、タシタ・ディーンなど、今では皆がトップアーティストです。中には作品一点の価値が今では何千万円か、それ以上もするアーティストたちもいます。

審査する側も審査されるアーティストたちも主催する我々も若かったのですが、そういった時期に一緒に仕事をするというのは、大切です。だれでも若いときに同じ経験をした仲間はよく覚えているのではないでしょうか。そういう仲間こそ、いざというときに頼りになります。

気の置けない関係とは、なにも地縁血縁だけではありません。遠く離れていても、同じ釜の飯を食べた仲間こそが、もっとも信頼の置ける関係といえるでしょう。それは何も国内の友人に限ったことではありません。このように世界の美術関係者と関係をつくることで広いネットワークが形成されていき、直島の名は徐々に世界で知られていきました。ささやかですが、継続的なイベントの開催が、後に直島が知名度を獲得することにつながっていったのです。

アートは、大量生産品ではなく、最初は大衆的な存在でもなく、また誰もが必要とするものではありません。嗜好性が強く、人を選ぶものです。

そういったものを宣伝するのに、マスメディアを使う必要はまったくないのです。

ビジネスの初期というのもこれと同様なのではないかと思います。当初は多くの人に知ってもらうことよりも、少数でもいいので価値を共有することができ、業界に影響力のあるインフルエンサーに知ってもらうことが大事なのです。アートの場合は、特にこの傾向が強く、むしろクローズド（閉じられた）な場でもいいので、価値観を共有するプロセスが必要で、それから徐々に情報が外へと拡がっていき多くの人が知っていくという流れがいいのです。

そのためには、まずはよき理解者を得ることが一番重要なのです。その人たちにいいと言ってもらうことで、大きな「信頼＝ブランド」をつくり出していくことができるからです。

誰でもいいから知ってもらえばいいというのでは、ダメなのです。然るべき人たちに、しっかり情報を届ける。それが一番できるのは、今も昔も変わらない「フェイス・トゥ・フェイス」の関係で人と会うことです。そのための適切な場を知り、人を知ることが、大切です。世界は広く、多くの人たちがいますが、物事を動かしている人たちは、ほんのひと握りです。その人たちにどのように届けたらいいかをいつも考えた上で、行動に移すべきなのです。

プロデュースビジネス

アートセレブが集まる、二年に一度のもっとも濃密な機会となるのは、ヴェネチア・ビエンナーレの特別公開のために開かれるプレビューの数日間です。

ヴェニス市も熟知していて、ビエンナーレ開催前のこのタイミングが、ホテルもレストランも交通もすべてとんでもなく高い価格に設定されています。「足下を見やがって！」と恨みごとを言いたくなりますが、これがサービス業、観光業というものでしょう。一年のうちで稼ぎ時なのですから、仕方ありません。

この期間中は連日パーティが開かれ、関係者同士のミーティング、食事会が開かれていて、面白いことにそこに参加するスーパースターのアーティストやアート関係者に会うために、リッチなセレブたちも集まってくるのです。自分たちもアートに関する最新の情報が欲しいのです。アートがまさに誕生する貴重な場面に自分もいたい、有名アーティストたちと時間と場所を共有したいということなのでしょう。

どんな場所であってもお金がかかりますが、それでも世界のアートセレブは、ヴェニスを目指してくる。そんな二年に一度の機会に、忙しい最中でも顔を出していたのが、アンカシエール美術財団（旧原美術館財団）前理事長の原俊夫やベネッセHD名誉顧問の福武總一郎や大林組会長の大林剛郎、森美術館理事長の森佳子たちでした。

日本からの常連は、現代アートのよき理解者のこのメンバーぐらいでした。ちなみに、ここで紹介した皆さんは、多くの来館者で賑わう現代アートの美術館を運営していたり、素晴らしいコレクションを持っていたりする方々です。

街を挙げてのこの一大イベントであるビエンナーレは、二年に一度開かれる現代アート部門だけではありません。

他部門になりますが、毎年開催されるのが映画、演劇で、美術同様、二年に一度の開催が、建築、音楽、舞踊です。こうなるとヴェニスでは、いつもどこかで国際的な文化の祭典が開催されていることになります。毎年、世界中からヴェニスを目指して、セレブたちが集まってくるため、街はいつでもどこでも大騒ぎで、人が動き、ものが動く、文化による一大観光産業です。

こういった一大観光産業、文化産業をつくり出すイタリア人のビジネスセンスは、日本人も見習う必要があるでしょう。ローマ時代にまで遡ることができる文化資産を持ち、イタリアルネッサンス期には、ローマ、フィレンツェ、ヴェニスなどが栄え、そこで花開いた文化は、いまだにヨーロッパ人の憧れです。

ビエンナーレの会場で見せているものは、新しい現代アートですが、ヴェニスの街は、古く、中世の町並みや建物や調度品が至るところに残っています。貴族の館がレセプション会場や展示会場に使われていて、食べ物が美味しい。ヴェニスにいると歴史の中に身を置いているかのようです。このように街が魅力的で、食事が美味しく、歴史を感じることができるのが、文化的な観光の基本なのだと思います。

ヴェニスのように、歴史、伝統、芸術文化といった無形の価値を街の至るところで感じることのできる都市は、一朝一夕で出来上がるものではなく、また一人の権力者によってできるものでもないのです。都市にいる多くの人々が無形の文化に気づき、大切にし、それらをうまく保存・活用する知恵を持っているからです。すぐに結果を求めるばかりではなく長い時間軸の中で、文化と街づくりとビジネスを捉えているのです。

そしてこの由緒ある歴史都市を土台にして現在進行形で新しい文化を紹介しているのが、ヴェネチア・ビエンナーレです。興味深いのは、この魅力的な場所を用意したのはヴェネチア・ビエンナーレの主催者ですが、これらのコンテンツをつくり出しているのは、参加している国々なのです。なんと主催者であるヴェニス側ではないのです。

毎回激しく競争し、話題を提供する展示などのコンテンツをつくり出しているのは、ヴェニスを目指して集まってくる世界各国のアーティスト、クリエイターたちです。主催者であるヴェニス財団は、場を提供しているだけなのです。それだけでなく、展示にかかる経費の多くは、出品者負担です。このように出品者に負担を強いる国際展はヴェニス以外にはなく、考えようによっては、なかなか厳しい条件ですが、誰もこれに文句をいいません。それどころか参加国や団体は年を追うごとに増え続けていて、衰える気配はないのです。なぜ自己負担をしてでもこの時期のヴェニスで展示を行いたいのでしょうか。ヴェニスで成功すればそれだけの影響力を現代アート界で持つことになるからです。それほどヴェニスは、晴れの舞台ということです。

ヴェニス市は、裏方として世界から大勢来る人たちの宿泊や食事、物流を担う、まさにブランド力を活かしたプロデュースビジネスです。一プレーヤーになるよりは、その場をつくり出して仕切るほうが、ビジネス的に見ればはるかに合理的な選択でしょう。

残念ながら、その場所づくりやルールづくりといった、いわゆるプロデュース業は、日本人には不得手な分野です。こういったことが得意なのは、植民地時代に領土を広げ、一度は世界を制したことがある旧宗主国のような国々のように思えるのは、気のせいでしょうか。

第3章 アートを知るためのまとめ

1. 才能溢れるアーティストは、タフで、戦略家で、野生動物のようなカンを持っている

2. 優れたアーティストは、常に相手に対し当事者意識を持って向き合い、あたかも舞台の中央に立っているかのような姿勢で臨む

3. 自らの視点を持ち、そこから世界を眺めているという自負を持っているのが、アーティストであり、彼らはその自己に対する信頼が人一倍、強い人たちである

4. 制作する主体である画家や彫刻家などのアーティストが、自らの想像力と意志によ

り制作したのがアート作品

5. アートは、思考と感性の純粋な表現物として進化してきた

6. 今は少数派であっても、時代が変わるとメインに躍り出る可能性を秘めているので、強い信念を持ってアート活動を続けていくことが大切

7. アートにおける「文脈を大切にする」は、ビジネスの世界でも大切なはずで、そこにイノベーションを起こすためのヒントがある可能性があるかもしれない

8. アーティストにはインスピレーションやひらめき、直感も大事

9. デザイナーは自分の外側にある課題に向き合うのに対し、アーティストは自分の内側から湧き上がるものに向き合っている

10. アートは市場ではなく常に自分自身の中にある。アーティストは情報媒体、一種のメディアでもある

11. 感動というのは、かなり個人的な体験だが、文脈に解消されない固有の体験であり、あなたが世界に出会った証しであり、アーティストが世界を眺めているときと同じ感覚である

12. 普段の仕事や生活を離れ、ときには一人、自分と向き合って自分の内面から湧き上がるものを眺めてみること。その内なる声に従うことで、新たな視野が開け、自分の殻を破るきっかけになるかもしれない

13. 美術史に文脈があるように、個々のアーティストにも個人史の文脈が存在する

14. コンセプトの一貫性、製品をつくる哲学の一貫性、あるいは背景となる思想の一貫性が、その製品の歴史的なコンテクストである

15. 伝統技術が、最新の現代アートとデザインと出会うことで、未来に向けた新たな可能性を生み出している

16. 国際的なアートフェアに工芸が登場したのは、テクノロジーが進化し、情報が進んでいき、人と人のつながりが弱まり、人とものの関係も希薄化してきた中で、改めてものが持つ手触りや魅力を見直そうとする動きがある

17. 現代アートに関わることは、アルティメット(究極)な場で生きるということ

18. アートは、大量生産のプロダクトではなく誰もが必要とするものでもない。嗜好性が強く人を選ぶものである

福武總一郎（一九四五〜）

ベネッセホールディングス名誉顧問。岡山県出身。福武書店（現ベネッセコーポレーション）創業者・福武哲彦の長男として生まれる。二〇〇四年に個人資産で直島福武美術館財団（現公益財団法人 福武財団）を設立。「ベネッセアートサイト直島」の総合プロデューサーを務める。

ZOZO

ファッション通販サイト「ZOZOTOWN」を運営する企業。二〇一八年に株式会社スタートトゥデイから商号変更。代表の前澤友作が始めた輸入レコード・CDのカタログ販売をきっかけに事業が始まり、二〇〇〇年にインターネット通販に切り替え、アパレル販売を中心に成長した。二〇一九年九月、ヤフーの傘下に入ることが発表された。

前澤友作（一九七五〜）

ファッション通販サイトZOZOTOWNを運営するZOZOの創業者、前代表取締役社長。現代アートの普及活動およびアーティストの活動支援を目的とした公益財団法人現代芸術振興財団の会長でもある。

アンリ・マティス（一八六九〜一九五四）

フランスの画家、彫刻家。大胆な色使いや素描を特徴とするフォービスム（野獣派）のパイオニアで近代美術（前衛美術）の先駆者の一人。代表作に

《帽子の女》《緑の筋のあるマティス夫人》がある。

パブロ・ピカソ（一八八一〜一九七三）

スペイン・マラガ生まれの画家、彫刻家。キュビスムの創始者。生涯におよそ一万三五〇〇点の油絵と素描、一〇万点の版画、三万四〇〇〇点の挿絵、三〇〇点の彫刻と陶器を制作し、もっとも多作な美術家であると『ギネスブック』に記されている。

マルセル・デュシャン（一八八七〜一九六八）

第一次世界大戦までの美術を、目から得られる刺激を楽しむ「網膜的絵画」と批判。精神や脳に快楽を与える新しいアート・シーンの創造を提案した。《泉》に代表されるレディ・メイドの他、匿名芸術、観念の芸術、複製芸術など、現代美術へ与えた影響は計り知れない。

アートフェア

様々なアート・ギャラリーが一堂に介し、作品を展示・販売するイベント。作品の売買を目的に開かれるもので、コレクターにとっては作品購入の重要な場、アーティストにとっては新作発表の場、コレクターやギャラリストにとってはアート市場の動向を探る情報収集の場、一般客にとっては新作鑑賞の場にもなる。

杉本博司（一九四八〜）

東京とニューヨークで活動する写真家。自然史博物館に展示されている動物標本を撮影した《ジオラマ》シリーズが代表作。ほかに世界中の水平線を写した《海景》などのシリーズや、近代建築の外観をあえてぼかして撮影する《建築》シリーズなどがある。

茂木健一郎（一九六二～）

脳科学者。東京大学法学部卒。東京大学大学院理学系研究科物理専攻博士課程修了。理学博士。ソニーコンピュータサイエンス研究所上級研究員、慶應義塾大学大学院システムデザイン・マネジメント研究科特別招聘教授などを務める。

第4章　アートと資本主義

【この章を読み解くためのキーワード】
破壊的イノベーション／使用価値と交換価値／ギャラリー／プライマリーとセカンダリー／ブロックチェーン

破壊的イノベーション

ここからは、ビジネスパーソンにとっても非常に関心が高いと思われるアートとお金、ビジネスの関係について解説します。

ビジネスの基本は、高い品質と適正なコストによるサービスと製品の製造になると思いますが、九〇年代以降、日本企業は、商品の低価格化、いわゆる低価格競争に終止して、付加価値の高いビジネスを育ててきませんでした。

実は、日本企業は、高付加価値ビジネスが苦手というのが本当のところなのではないかと私は疑っています。よく聞くビジネスの成長戦略といえば、生産ラインの見直し、業務のマニュアル化、労務費、人件費の見直しによるコストカットといったもので、クリエイティブでもイノベイティブでもないのです。時代を画するような骨太の新規ビジネスといった華やかな話は、あまり聞いたことがありません。

しかし、このままいけば日本はジリ貧です。産業界に新しいビジネスが立ち上がり、新しい風を吹かせていくようにしなければならないでしょう。

本来は、日本のような成熟社会においては、高付加価値のビジネスがいくつも誕生し、収益性の高い産業構造になっていなければなりません。そのように考えたときに、アートを商品として眺めてみるといろいろな気づきがあるのではないかと思っています。アートは、究極の高付加価値商品といえるのです。

この章からは、ビジネスとアートの距離を近づけて話をしていきたいと思います。

今、残念ながら、日本のビジネスは世界の主流から外れています。従来の付加価値付与型のビジネスモデルではうまくいかなくなった日本企業にとって、破壊的イノベーションが求められていますが、現状では打破するのは難しい状況です。

なぜ、西洋では破壊的イノベーションが起こるのに、日本では起こりにくいのでしょうか。アートの世界でも同じような事例があります。西洋美術史と日本美術史の違いを例に説明しましょう。

西洋美術史の歴史は、いわば「革命の歴史」でした。ひとつの芸術運動が起こり成熟するとその流れを破壊する新たな芸術運動が起こるのです。これまでの芸術が、あらたなムーブメントである印象派絵画によって駆逐され、その印象派絵画も「色彩の革命」であるマティスらのフォービスムや、「形の革命」であるピカソらのキュビスムによって駆逐されるというったように、西洋美術は破壊的イノベーションにより常に進化してきました。

中でも究極の破壊的イノベーションが、今から一〇〇年ほど前の一九一七年に発表されたフランス人アーティスト、マルセル・デュシャンの《泉》です。

この作品は工業製品である便器にサインをしただけの、いわゆる「レディ・メイド（既製品）」ですが、デュシャンは、この《泉》により芸術という概念に革命を起こしました。これは既存の常識を打ち破る、破壊的なまでの革命的なイノベーションといえる作品で、デュシャン芸術の様相は大きく変わっていきました。デュシャンは今に続くコンセプチュアルな現代アートの創始者として位置付けられています。

このように革新的なイノベーションが、西洋美術の世界では絶えず起きていたのです。一方、日本美術の根底に流れているのは「継承の歴史」で、いかに伝統を引き継ぎ、次世代に伝えていくかが求められてきました。そのため日本美術には、平安時代の絵巻物から明治以降の日本画、「スーパーフラット」を唱える村上隆に至るまで「平面性」や「装飾性」「叙情性」といったDNAが、受け継がれています。

これも継承による付加価値付与型の日本式ビジネスとよく似ていると思いませんか。日本人は、アートの世界でも「革命」よりも「継承」を大切にしてきたのです。

アートには、それらが育まれてきた文明観が強く反映されますが、もしかすると、このような文明観に日本で破壊的イノベーションが起こりにくい要因があるのかもしれません。

「使用価値」と「交換価値」

ここからは、現代アートのマーケットがどのように変化してきたか、アートと資本主義の関係も含めて解説します。

現代アートが何百万、何千万といった価格で取引されるのは一体、なぜでしょうか？　まずそのためには、「使用価値」と「交換価値」の概念を理解する必要があります。「使用価値」とは、商品そのものが日常生活の中で使われることによって生まれる価値のこと。「交換価値」とは、その商品を他の商品と交換するときの価値のことで、相手がその商品にどれだけの価値を見出しているかにより変化するものです。

「使用価値」はほとんどないけれども「交換価値」の高いもの、その最たるものがお金です。例えば一万円札は、メモにも鼻紙代わりにもなりません（実際にそのように使う人もいるかもしれませんが相当変わった人でしょう）ので、使用価値はほとんどありません。

日本国がそれを法定通貨として「一万円の価値がある」と保証しているために、一万円分の「交換価値」があるのです。ちなみに一万円札の原価は、わずか二二円です。

一万円札と同じように、アートも実用性に乏しく、飾って楽しむくらいの「使用価値」しかありません。多くは原価もきわめて安価のため、アーティストは原価という発想すら持ち合わせていないかもしれません。

ただし、作品に込められた作者の思いや哲学が、人々から「価値がある」、つまり芸術として認められれば、その希少性ゆえに「交換価値」がぐっと高くなり、お金と同じように「使用価値」と「交換価値」の乖離が起こってきます。

投資対象としての作品

歴史を遡ると使用価値と交換価値が大きく乖離した典型例を見つけることができます。一七世紀にオランダで湧き上がったチューリップ・バブルです。

鑑賞品としての使用価値しかないチューリップですが、ピーク時には、球根一個で馬車二四台分の小麦、豚八頭、牛四頭、ビール大樽四樽、数トンのチーズ、バター二トンが全て買えるほどの高値がつきました。

単なるチューリップにそれだけの値段がついたのは、お金を出す人々が交換価値を認めたからです。有用性の低いもの、使用価値の低いものほど価値が転換して上昇し、それによって「交換価値」がどんどん上がっていくのですが、アート作品はまさにそのような存在で、まさに資本主義のパラドックスを見事に体現するものです。

そうした「交換価値」から、アート作品は、投資対象としても大変人気があります。数万円で購入した現代アート作品が十数年を経て、その何百倍となることもあるからです。かつて一五〇〇円程度で売られていたこともある奈良美智さんのドローイングは、今では何百万の値がついています。

私がベネッセ時代に購入に携わった、デイヴィット・ホックニー、フランク・ステラ、ジョージ・リッキー、サイ・トゥオンブリー、サム・フランシスといったアメリカの一流の現代アーティストたちの作品も、今オークションに出せば、購入価格の数十倍で落札されるでしょう。こうした価値の伸びしろの大きさや、持ち運びやすさ、ステータスの証明であることなども、アートが投資対象とされる理由です。

またアートに対する投資は、資本主義社会における株や不動産投資などと同様に「これから成長する地域」に向けられてきました。

アートのマーケットの中心といえば、その昔はフランスやイギリスでしたが、第二次世界大戦後はアメリカとなり、八〇年代バブル期は日本、今は、中東、中国、そしてインドへと移っています。経済の成長センターの移動とともにアートのマーケットも移動しているのです。現在、中国の美術市場は米国に次いで二位ですが、遠くない将来にトップに躍り出ることもありうるでしょう。そうした成長の余地がある場所に、資本は常に移動していきます。

天井知らずの市場

二〇一九年三月、アジア最大級のアートフェアである、第七回アート・バーゼル香港が開催されました。大変な活況で、最終的には五日間の会期中に過去最高となる八万八〇〇〇人の来場者数を記録しました。話題となったのは来場者数だけではありません。同じくアート・バーゼルの中で、毎年アメリカのマイアミで開催されるアート・バーゼル・マイアミは、アメリカと南米からの顧客で賑わう世界でもトップクラスのアートフェアでしたが、その売り上げを、今年は香港が抜き去ったのです。いかに中国を中心にしたアジアのマーケットが成長しているかが理解できます。

作品が動くことがわかると、さらにいいギャラリーが集まってきます。

三五の国と地域から二四二店舗のギャラリーが出店する国際色豊かなトップクラスのアートフェアとして、アート・バーゼル香港はここ数年で急成長しました。実は香港では同時期にもうひとつアートセントラルというアートフェアが開催されていますが、この二つのアートフェアが開催される三月の香港ではアートイベントが連日行われ、それを目当てに世界中からアートファンが集まります。さらにM+というアジア最大級の現代美術館が二〇二〇年にオープン予定で、アートと文化、それに関連した観光が香港の主要な産業になるのもそう遠くないといわれています。このように香港におけるアート・マーケットはどんどん拡大しているのです。

中国は、今国家を挙げて文化政策に取り組んでいて、美術館の建設やアートフェアの開催など、美術振興に力を入れています。経済が発展し、お金が余るようになると、最初に値段が上がるのが土地ですが、中国は社会主義市場経済体制のため、土地は国家の所有物で（土地の使用に使用権がいる）、余ったお金は必然的にほかの投資に流れます。そのため、中国人富裕層が最も熱い視線を送っている投資対象が、アートなのです。

また、なぜ中国人の資産形成の中でアートが上位を占めるのかは、歴史によって形成された彼らのマインドとも関連しているようで、国家を心の底からは信頼していない中国の人々にとっては、何か国難があったとき、いち早く移動できる金や貴金属、絵画などの動産が、人気が高いとある専門家は言います。

世界に広がる華僑は、方々に家を持ち、絵画などの資産も分散して保有しています。金や貴金属を握るユダヤ系の人々も同じですが、華僑のネットワークも国家の輪郭を超えていて、この人たちが世界のアート・マーケットも牛耳っているのです。

資本主義社会では、資本は常に新しいパイオニアを求めて周縁に広がり、移動していきます。アートの中心地が欧州から米国へ、さらに中東、中国へと移っているという事実もアートと資本主義の親和性の高さを物語ります。

このように資本主義が拡大し続けるように、アートも拡大を続けていくでしょう。二〇〇八年に起こったリーマンショック以降、資本主義の限界を指摘する声もあり、アートも常に終焉を迎えると言われ続けてきましたが、リーマンショックの時を除いて実際にアート市場は拡大し続けているのです。興味深いのは、アート市場が天井知らずに見えることです。

美と人間の欲望には限界がない

世界最大級のアートフェアであるアート・バーゼルとスイス最大の銀行「UBS」が、二〇一八年の世界美術品市場を分析するレポートを公表しました。二〇一八年における世界の美術品市場は六パーセント成長し、市場規模は推計六七四億ドル（約七兆五〇〇〇億円）に達し、二〇〇四年に三〇〇億ドル台に乗って以来、先ほどのリーマンショックにも負けず、アート市場は拡大を続けています。その背景には、アジア市場やオークション市場の好調、オンライン取引の増加もあるようです。

マーケットだけでなく、アート自体も拡大を続けています。それは、美しさには限界がなく、無限に発見することが可能だからです。例えば障がい者アートや専門的な教育を受けていない人が制作するアート（これらを総称してアール・ブリュットという）やオーストラリアの先住民族であるアボリジニの制作するアート（インディジナス・アート）、中南米の素朴な土産物から発達した現代アート化したプリミティブアート、さらには日本の民芸など、これまでアートとして認識されてこなかったものが、近年は新たなアートとして評価されています（ちなみに民芸は海外でそのまま〝Mingei〟で通用します）。

このようにアートの価値は、限界を迎えることなくどんどん発見され続けているため、マーケットも拡大し続けるのです。どんなものでも貪欲にアートに変えてしまう現代アートにかかれば、ニュース番組でよく話題になるゴミ屋敷さえも、アートとして認められる日が来るかもしれません。昨日までアートではなかったものが、今日はアートになりうるのです。これと同様に、ビジネスにおいても昨日まで価値として認められなかったものが、今日いきなり価値を持つ可能性も考えられます。

美に限界がないように、人間の欲望にも限界がないためです。

アートとデジタル技術の未来

アートの世界でも、近年はコンピュータをはじめとする、様々なテクノロジーを使ったエレクトリックでデジタルな芸術作品、いわゆるメディアアートやハイブリッドアートが盛んに制作されています。またデジタル技術だけでなく、バイオ・テクノロジーや宇宙開発、ディープラーニングといった、これまでは芸術の範ちゅうに入らなかった、様々なテクノロジーが新たな価値として創造されようとしています。

このような状況で、今世界から注目されているのが、最新のテクノロジーを活用したシステムやデジタルコンテンツの開発を行うチームラボやライゾマティクス、それに池田亮司といったアーティストです。

彼らは三者三様で、独自な世界観を展開していますが、ライゾマティクスは、人気テクノポップユニットであるPerfumeの舞台を演出しているといえば理解される人もいるでしょう。彼らの凄いところは、単なる演出を超えてPerfumeの世界観を表現する環境をつくり出しているところです。また、同じくデジタルアートの先端を走る池田亮司が集積したデータによってつくり出される鮮烈な音と光の世界は、情報化社会を高度に視覚化、音楽化したものとして海外で圧倒的な人気を誇ります。

二〇一八年に大々的に開催された日本文化の祭典「ジャポニズム2018　響きあう魂」に井上有一という前衛書家の作品を紹介する展覧会のキュレーターとして私も参加しましたが、同じように池田亮司やチームラボも参加していて、それぞれ別な場所で大掛かりな展覧会を開催していました。

池田はパリ、ポンピドゥー・センターで個展を開催し大変な話題になっていましたし、チームラボはパリのラ・ヴィレットという名称の食肉処理場跡地の文化施設を会場に大型のインスタレーション作品を発表して、長蛇の列をつくっていました。私は開会式のときに代表の猪子寿之に会い、夕食時に話を聞きました。

チームラボは、英フィナンシャル・タイムズ、英BBCや米CNN、仏ル・モンド紙のほか、世界のアートメディアから、「今、もっとも面白いアート集団」として注目されています。台湾、韓国、シンガポール、米国などに常設展示を持ち、米シリコンバレーで開催した個展は、あまりの好評ぶりに、展示期間が当初よりも約半年延長されたほどです。

彼らは、ウルトラテクノロジスト集団を自称し、プログラマー、エンジニア、数学者、建築家、絵師、ウェブデザイナー、グラフィックデザイナー、CGアニメーター、編集者など、デジタル社会の様々な分野の専門家で構成されています。また、日本美術を土台にした日本独自の思想と最先端のテクノロジーを融合させて、新しい価値観を生み出しているのが特徴です。

アートは拡大し続けるといいましたが、チームラボは拡大し続ける中に入ってきた人たちです。デジタル技術だけであれば、先進国にもこのようなタイプのアーティストが登場してきてもよさそうですが、魅力的に作り込まれたデジタルアートは、日本人アーティストの強みでもあります。チームラボは、どんな場所にもこのチームが出向き、制作します（この職人的な姿勢を非効率的と批判する人もいますが、その職人的なこだわりによって作品の品質が保たれているのです)。

デジタル技術であれば、技術力は平準化しているので技術展開は外注するという判断もありそうですが、彼らは自分たちのスタッフのみで制作します。当然経費はかさみますが、猪子にこの点を質問すると、「それは単なる信頼以上のもので、精神論ではなく、アートのクオリティを維持するための必須条件です」と言いました。

腕の立つ親方と職人のような関係により単なるデジタルを超えた作品をつくり出すのが、ポイントかもしれませんが、こういった技術とオリジナリティへの評価は、日本よりも海外のほうが早いというのが実情です。

ものづくり日本といいながら、標準化した大量生産品の生産技術ばかりが残り、肝心の高度な技術を要する職人的なものづくりは、今や風前の灯です。これまでもＩＴ系の新規ビジネスを立ち上げた経験を持つ経営者から、新しい技術開発を伴った新規ビジネスに対して、日本の投資家は消極的であるという話を聞きました。その方のビジネスもアメリカで投資家を見つけて立ち上げたといいます。

このような調子なので、職人的な高い技術力も、未知の領域に対する挑戦心もアートの世界ぐらいにしか残っていないのかもしれません。そんなアーティストにこそ、従来の付加価値付与のビジネスモデルでは立ち行かなくなった日本企業には、学ぶところがありそうです。実は、日本の職人的なこだわりを見せる技術力に眼をつけている海外投資家は少なくありません。美術の世界においても工芸などの分野ではすでに海外に才能が流出しています。工芸技術の良き理解者は、アメリカ人であったりするのです。

猪子は、カルチャー誌のインタビューでこう述べています。

「多くの産業の生み出すものは、デジタル領域によって革新されていき、デジタル・テクノロジーの塊のようなものになっていく。その後の話として、すべてはアートとしてじゃないと生き残れない時代になる。多くの産業、もしくは企業は、生み出す製品やサービス、そして存在自体が、〝人がアート的だと感じるようなもの〟でないと生き残れない社会になっていく」（『GQ　JAPAN』二〇一二年六月）

この言葉に、これからのビジネスや資本主義の未来を読み解くヒントがありそうです。

消費社会における作品

二〇一九年五月一五日にクリスティーズ・ニューヨークで開催された戦後・現代美術セールで、アメリカ人アーティスト、ジェフ・クーンズの《ラビット》が、九一〇七万五〇〇〇ドル（約一〇〇億円）で落札され、二〇一八年デイヴィッド・ホックニーが記録した、現存するアーティストのオークションにおける過去最高額九〇三一万二五〇〇ドル（約九九億円）を更新しました。この落札された《ラビット》は、一九八六年にクーンズが三一歳のときに制作され、アメリカ人実業家のサミュエル・ニューハウス・ジュニアによって購入されましたが、ニューハウスが二〇一七年に他界したことを受け、遺族がクリスティーズに出品していました。

アメリカ生まれのポップアーティストといえば、アンディ・ウォーホルが有名ですが、ウォーホルの精神を引き継いで、コマーシャリズムやエンターテインメントと真っ向勝負しながら作品を制作し続けてきたのが、ジェフ・クーンズです。クーンズの前歴は変わっていてニューヨーク証券取引所のストックトレーダーでした。ウォーホルの後継者らしく、クーンズの作品はときにスキャンダラスでキッチュなもので、いくつもある代表作の中には、一九九一年の、イタリアのポルノ女優で国会議員だったチチョリーナとのからみを大型作品化した《メイド・イン・ヘブン》というものもあります。春画から着想したかのような性器の挿入場面を写した露骨なセックス描写で論争を巻き起こしましたが、この手のスキャンダルはクーンズの望むところです。

クーンズの《ラビット》は、うさぎのおもちゃを巨大化したステンレス製の彫刻で、一見、光沢のあるバルーンのように見える彼の代表作のひとつです。この作品の真骨頂は、ビニール製の銀色の風船、バルーンが、実はべらぼうに重い無垢のステンレスだったというところです。見た目と実際の極端な違いは、作品を前にしたときに、より実感され、見るという行為がいかにいい加減かを知ることになります。その一方で戯画化された世界の儚さを感じる作品です。例えば、ＣＮＮのニュースのようにマスメディアは、人の死も戦争すらも見世物にして世界を劇場化させて、消費の対象にしてきましたが、そうした消費社会の、現実の重さと軽さを同時に表現しています。

アートの価値の決まり方

現存するアーティストの作品にこれほどの値がつけられるアートの価格は、一体どのようにして決まるのでしょうか。それは資本主義における市場経済の原理と同様に、需要と供給のバランスというのが、ひとつの要因です。当然、需要が多くて供給が少なければ価格は高くなり、需要が少なく供給が多ければ価格は安くなります。

ただ希少性だけで価格が上昇するかといえば、それほど単純なものではありません。アーティストの知名度、制作年代、存命か物故か、制作された作品数はどのくらいか、これからも新たな作品が世に出るのかといったアーティストに関する様々な条件により、価格は決まります。

アート作品は、版画やブロンズ彫刻などは別にして、基本的には、作品はオリジナルの一点だけです。この一点の作品しか存在しないということが、アートの一大特徴で、他の商品と比較したときの決定的な差でしょう。

作家は数多くの作品を制作しますが、ひとつの作品というのは、そのオリジナル性がさらに無形の価値にまで発展していくときに、アートの価値がはじめて生まれます。

アートの価値というのは、目に見えないものですが、そこに「交換価値」が存在するのです。一枚の作品が価値あるものになるためには、それを作り出す一人のアーティストの歩みやそれを支える美術というシステムをひもとく必要があります。高値をつくり出すメカニズムは、ある意味では抽象的な価値の生産と関連しているといえますが、それはアートがつくり出す「物語」とつながっています。この例としては、「美術史」がわかりやすいでしょうか。

ダ・ヴィンチの《モナ・リザ》が素晴らしい芸術作品であると思えるのは、私たちが美術史の中で〝モナ・リザ〟を学ぶからです。美の殿堂であるルーブル美術館に展示され、歴代の専門家たちによって、その素晴らしさを説明されて、人類の宝だと教えられてきたからにほかなりません。

欧米の美術だけに限りません。日本の美術も同様です。茶の世界には、手のひらに乗る小さな茶入れひとつが、国の価値と同等だった信長や秀吉の時代がありました。またそれらは今日まで重要な美術品として国宝などに指定されて継続されることで美の価値を保持しているといえます。《モナ・リザ》は、ダ・ヴィンチが制作したことがわかっていますが、後者の茶入れを誰がつくったのかは不明です。それでも美を評価する人々により、茶入れは価値づけられてきました。信長、秀吉から後に続く経済的価値と結びつく美の価値基準は、それ以前の足利将軍という権威によって形成されていきました。美の価値は制作者だけでなく、それを承認する人々によって形成されるのです。

アートの価格はいかにして決まり、また誰が決めるのか。これらは単純な話ではありませんが、時代ごとの為政者やその周辺に集まる権力者たちが、自らの文化を代表するものとして評価し、愛でてきた歴史の蓄積の結果といえるものです。それは目に見えない価値の長きにわたる集積そのものです。

近代に入ると、資産家を中心にして美は専門家の手に委ねられます。美術館、ギャラリー、オークション会社が誕生し、それに付随して、美術史家、美術評論家、美術ジャーナリスト、ギャラリストなど、美術の評価に関わる専門家が生まれました。これらの専門機関、専門家たちにより、美は語られ、取引され、評価されて、やがてアートとしての権威を持つことになるのです。

「水玉の女王」草間彌生の作品

では、アーティストはどのようなステップを踏んで有名になっていくのでしょうか。後に広く世間に認められるアーティストの場合、多くは最初ギャラリーで展覧会を開催し、様々な機会を見つけては、実験的な展示やパフォーマンスなどを行い、キュレーターなど専門家の間で話題にのぼるところから始まります。

その後、徐々にアーティストとしての露出の機会が増えていき、やがてヴェネチア・ビエンナーレやドクメンタといった大規模な国際展で評価され、独自に展覧会を展開する。さらに時代時代に話題となる作品を制作し、キャリアを積んでいくうちに作家として評価が固まり、価格は上がっていくことになります。

はじめから価値の定まったアートなどは、存在しません。アーティストが制作し、発表し、評価され、作品が社会の中で共有される過程があってはじめて、芸術的な価値がついていくのです。言い換えると、どんなアート作品にも社会化のプロセスが必要で、その結果、資産としての価値も生まれるのです。

例えば、今や「水玉の女王」の異名を取る大変な人気の草間彌生は、一九六〇年代から二ューヨークで活躍するアーティストで、代表的な作品には《インフィニティ・ネット》などがあります。網の目状の形がどこまでも続く抽象絵画で、当時の若手のニューヨークのアーティストたちに多大な影響を与えました。他にもソフト・スカルプチャー、ハプニング、インスタレーションなどによるセンセーショナルな作品によって話題を立て続けに提供していきました。

白人男性が多い美術界で、日本人の女性で、女性かつ心に障がいも持つという立場で世界的な成功を収めた成功したアーティストは、草間以前にはいなかったでしょう。このように大きなギャップを埋めるということも、現代アートの成功には大事な点です。

直島の古い桟橋の黄色いかぼちゃの彫刻は、草間がニューヨーク時代以来、制作してきたものでかぼちゃのシリーズをはじめて屋外彫刻にしたものです。それまで絵画や室内に展示するオブジェとしては制作してきましたが、屋外用の大きなかぼちゃは、私が直島にいた時期に依頼したものです。

かぼちゃのシリーズは八〇年代後半、すでに一〇〇〇万円前後で取引されていましたが、二〇〇〇年代には五〇〇〇万円から一億円ほどになり、二〇一五年一〇月に香港で開かれたサザビーズのオークションでは、約八億円で落札されました。作品における価格の高騰は、世界において作家の認知の広がりに対応します。欧米から広がった人気はやがて、他の国、地域へと広がっていったのです。草間作品の価値は、今後右肩上がりとなっていくでしょう。価格の上がるアーティストは、常に時代に色あせない価値、何世代も地域も超えた普遍性を持ちます。誰からも受け入れられ、かつ次の時代をつくり出すクリエイティビティがあり、はじめてアーティストとして成功するのです。草間を目指す若手の女流アーティストは世界中に誕生しましたが、草間のような成功は、限られた人のみが成し遂げられることです。

プライマリー・マーケット

先ほどのオークションで、作品が八億円で落札されたからといっても、草間には一円も入りません。お金を手にするのはあくまでも出品者とオークション会社です。なぜならオークションは「プライマリー・マーケット」ではなく「セカンダリー・マーケット」での取引だからです。

アートの価格は、「プライマリー・マーケット」と「セカンダリー・マーケット」の二種類の仕組みで決まります。プライマリー・マーケットで取引されるのは、「作家から直接販売される作品」で、セカンダリー・マーケットで取引されるのは、一度販売されたものが再び市場で「再取引される作品」になります。

プライマリー・マーケットとは、文字どおり「第一次マーケット」で、アーティストが新しい作品をギャラリーで発表し、その場でお客様に売る、初もの作品を扱うマーケットです。プライマリー・マーケットの中に入るものは、コマーシャル・ギャラリーと呼ばれているもの、百貨店のギャラリーなどがあります。ただし百貨店の値付けは、間に業者が入っていて、純粋なプライマリーとは言い難いところがあるので、ここでは作家が直接作品を提供するコマーシャル・ギャラリーのみを指すことにします。

その場合の価格は、作家の業績や将来性、人気などによって異なりますが、業界で通用する価格帯で決まります。ギャラリーで、その作品を購入するのは、かなり慣れた人でないと勇気がいるかもしれません。作家はいわば個人商店のようなものですし、基本的には自己責任のもとでの売買ですから、いわば上場前の未公開株を買うような感じに近いでしょう。ただし、欧米の有名コレクターたちは、プライマリー・マーケットで購入してきました。欧米のコレクターたちは他人のマネをしたくない個性の強い人たちが多いということもありますが、アメリカでは税制の優遇制度があるという事情もあります。

ギャラリーは、かつてはタレントとその所属事務所のような関係を持っていて、アーティストをマネジメントするだけでなく、プロデュースを行ったり、プロモートをしたりしていました。ここのところ事情が変わりつつあり、資金的にも時間的にもそこまでアーティストと二人三脚で仕事をすることができるギャラリーは、少なくなってきています。

数年前、ニューヨークの力のあったプライマリー・ギャラリーが大量に閉店する事態が起きました。主要な儲けの場がオークションなどのセカンダリー・マーケットに変わってきたからです。実際に世界でもっとも力を持つといわれているガゴシアン・ギャラリー、ペース・ギャラリーは、セカンダリー・ギャラリーの大御所です。サザビーズ、クリスティーズは国際的なオークション会社で、セカンダリー・マーケットを動かしています。すでにセカンダリー・マーケットで取引される大御所アーティストはいいですが、これからメジャーを目指す若者や中堅には実績を積むためのプライマリーギャラリーの閉店という事態は厳しい状況です。今後、アーティストだけでなく、アート業界にも影響を与えていくと言われています。

セカンダリー・マーケット

アーティストに人気が出始めて、作品の供給も行きわたると、ギャラリーによる供給だけでなく、一度購入されたけれども、再取引の場に登場する作品が出始めてきます。それがセカンダリー・マーケットに流れていきます。

前出のオークション市場は、セカンダリー・マーケットと呼ばれる売買の主要な場ですし、他にセカンダリー・ギャラリーと呼ばれる二次流通の作品を扱うギャラリーもあります。作品の高騰にはオークション会社やセカンダリー・ギャラリーでの取引が影響していると言われています。高値の更新は、常にオークション会社の取引によってなのです。

オークションもセカンダリー・ギャラリーも通常の製品サイクルでいえば、中古市場というふうに考えていただいていいのですが、ここからがアート作品の面白いところで、この場所で芸術性の高いものとそうでないもので、大きな価格差が生まれてくるのです。

作家の業績や知名度、作品の来歴、状態、クオリティなどによっても値段は左右され、アーティストによって大きな価格差が生まれます。草間は勝ち組ということになります。ところが、たとえそうであっても、セカンダリー・マーケットにおいては、すでに作品がアーティストの手を離れているので、アーティストにはお金が一円も入らないのです（そのことに疑問を感じて自分の作品を直接、オークションで売ろうとしたダミアン・ハーストのようなアーティストもいます）。

もちろん、オークションでの落札価格が高騰していけば、新作でも「プライマリー・マーケット」の価格に影響が生まれ、上がっていくことになります。

この仕組みも株式市場と同じで、会社の上場時に株をマーケットで売った株主はプライマリーでの収入を得ることができますが、その後、どれだけ市場で株が売買されても、その取引による利益を得ることはできません。

株式市場ではときに「仕手株」のように、特定の投資家たちが意図的にまとまった資金を流入させることで、急激な株価のつり上げやつり下げが行われることがありますが、アートの世界でもときおり似たようなことが行われています。

画商の仲間同士で高額落札を繰り返して、絵や作家の価値を上げていくケースですが、そのような人為的操作で一時的に価値を上げても、長続きすることはありません。やはり多くの人々がその作品に引きつけられ、何としてでも手に入れたいといった願望が高まるからこそ、価格は無制限に高騰していくのです。

〝劇場化〟するオークション

近年のオークションは、〝劇場化〟しています。高額で落札され、その金額が多くの人にセンセーショナルな話題として伝わることで、オークション会社は、二匹目、三匹目のどじょうを探したいと、ますますドラマティックにオークションを演出していくのです。果たして落札された金額が、実勢価格とどれだけ対応しているのかは、かなり怪しいところでもあります。

オークション・カタログを見ればわかりますが、作品写真の下には、落札予想価格というものが存在します。この価格は実勢価格にある程度対応した値段で、セカンダリー・ギャラリーなどで売買される価格に対応したものです。

落札予想価格には幅を持たせていて、市価の七〜八割の値段で掲載されていることが多いですが、入札する人たちにやる気になってもらうために低めに価格を抑えています。実際、このあたりの金額で落札される、買い手にとっては幸運な作品もありますが、名品と言われるものだと、それとは逆に落札予想価格をはるかに上回り、とんでもない価格まで上がってしまうのです。

こういう作品を欲しがるのは、やる気のあるコレクターですが、概してこういう人たちは、ビジネスの成功者で社会的強者です。圧倒的に負けん気が強い人たちですから、強気で攻めていき、ライバルがいても決して引くことはありません。その結果、とんでもない値段にまで競り上がるのです。クーンズの作品のように歴史的な話題作が出るとなれば、会場は一気にヒートアップして、どこまでも値が上がっていくのです。オークション会社としては待ちに待った瞬間でもあります。

オークション会社はこのような状況を仕掛けるために名作、傑作のたぐいを世界中を駆け巡り、血眼になって探しています。大手オークション会社のディレクターが力説していましたが、オークションの成功には、とにかく傑作（マスターピース）が必要で、いい作品を探すことさえできれば、オークションはほぼ成功したも同然と言うのです。

こんな高値になる状況を聞くとアート業界はいいなあと思うかもしれませんが、あまた存在する作品の中でこのような幸運に見舞われるのは、ごくわずかです。

アートの取引は不動産取引に似ている

投資目的でアートを購入する場合、少し注意していただきたいことがあります。それは株や債券とは違い、アートには即金性がないということです。アートを売るには、少なくとも数年、ときには数十年を要することもあります。

それに高額の美術作品は、保管にもお金がかかります。倉庫代に保険料、移送費も必要です。また画商やオークションハウスに支払う手数料も決して安いものではありません。オークションで売買する場合も、落札価格の一〇パーセントから一五パーセントの手数料が必要になります。

その手数料分を上回る値上がりは、短期間には期待できません。そうした意味では、アートの取引は、株よりも、むしろ不動産に似ているのかもしれません。

このようなアートとお金にまつわる話は、二〇一九年夏に公開の映画『アートのお値段』にくわしく表現されていますので、興味をお持ちの方は是非ご覧ください。

『マイ・アーキテクト　ルイス・カーンを探して』でアカデミー賞にノミネートされたナサニエル・カーン監督が、誰もが抱く「アートとお金」に関する疑問を美術界の有力者たちにダイレクトに投げかけながら、アートとお金の関係を探るドキュメンタリー映画です。

ギャラリスト、コレクター、評論家などが登場するほか、ドイツ人画家のゲルハルト・リヒターといった大物アーティストたちも出演していますし、オークションハウス「サザビーズ」で作品が売買される様子なども映し出され、とてもリアルにアート市場の裏側が描かれています。

アート投資法

「自分もアートに投資したい」と思った場合、おすすめの方法をご紹介します。気に入った作品を選び、そのまま、ずっとオフィスや自宅にその絵を飾っておくのです。そうすれば日々、その作品を楽しむことができるだけでなく、アーティストが認められた暁には、価値がどんどん上がっていきます。

美術品は値上がりも期待できますが、それを目的に集め始めると、往々にして期待を裏切られるものです。上がるものは上がるが、値がつかないものは本当にゼロになる。そうしたことも十分にあり得るのです。どんなに目利きの画商でも一〇年後、二〇年後に必ず値上がりするアーティストを一〇〇パーセント見出すことはできません。不確実な情報に振り回されて好きでもない作品にお金を払うより、本当に自分の好きな作品を買うほうが後悔は少ないでしょう。

ところで美術品は、会計処理上、どのように扱われるのか、美術品は費用計上できるのか、それとも資産計上すべきものなのかというご質問にお答えします。

経理上、基本的に美術品は、資産になります。「基本的には」と言ったのは、金額や美術品の価値によって扱いが変わるからです。ざっくりと言えば、現行制度では一〇〇万円未満の美術品であれば償却資産として扱うことができます。それ以上の金額になると償却資産にはなりません。また壁画など建築物と一体となった作品であれば、一〇〇万円を超えていても償却資産として扱えます。ただこれはあくまでも経理処理上の話であり、実際の作品が資産性を持つかどうかはまた別な話で、作品次第ということになります。

美術品としての評価があれば、資産性を担保することができますが、芸術性が認められなければゼロになります。経理処理上のルールは年により変化しますので、その都度、会計士などにご確認ください。

投資だけを目的とする方は、アートファンドを利用する手もあります。不動産への投資を取り扱っている投資会社があるのと同じように、アートの世界にも専門家に委ねることのできるファンドがあります。

日本におけるアートファンドと呼ばれる投資会社は、まだ歴史も浅く、サービス内容も会社によってばらつきが見受けられます。それでも「アートを保管する必要がない」「共同購入できる」「プロのアドバイスがある」といったメリットがあります。個人的に手に入れたい美術品についての参考意見も提供してくれますので、投資だけを目的とする方は、検討してみる価値があるかもしれません。

ただし、証券の投資ファンドや不動産の投資ファンドと同じように、利益を確約するものではありません。また、ここが一番大切なのですが、いい作家やギャラリーは、ファンドの買い手が入ることを嫌がります。なぜならファンドは、市場をかき交ぜるだけだからです。ファンドの中には買い手がファンドかどうかを確認し、ファンドの買い手であれば売らないというギャラリーもあるほどです。まず本当にいい作品は、ファンドに行く可能性が低いでしょう。アートを愛し、アートの価値を信じる人たちにとっては、単なる投資目的のファンドは〝百害あって一利なし〟なのです。

反戦、反暴力、反体制、反資本主義を掲げるアーティスト

二〇一八年の秋、ロンドンでオークションにかけられた作品、《風船と少女》が、一四〇万ドル（約一億五五〇〇万円）で落札された直後、作品からアラームが鳴ったかと思うと、絵が細長く切られて額縁から滑り落ち、会場が騒然とする出来事がありました。日本でもニュースで取り上げられたので、記憶している方もいらっしゃるでしょう。

切り刻まれたのは、ロンドンを中心に覆面で活動する芸術家、バンクシーの作品でした。バンクシーは世界各地のストリートに神出鬼没に現れて作品を描くことと、その社会風刺的な作品から「芸術テロリスト」と呼ばれています。

その作品の過激さやゲリラ的な手法に注目が集まりますが、これまでずっとバンクシーは反戦、反暴力、反体制、反資本主義といったテーマで作品を発信してきました。そこに込められているのは、「描く側に強いメッセージがあれば、落書きであろうとアートになり得る」といった主張です。ほとんどの作品は、まちなかの壁などに書かれたストリートアートですから、壁を切り取る以外に売り物にもなりません。

そんなバンクシーが自身の作品をシュレッダーにかけた意図については、「ストリートア

ートをオークションで高額転売することへの反発」や「資本主義化したアートに対する批判だった」とする意見があります。オークションなどでアート作品が数億〜数十億円の金額で取引されることに対して、一億五五〇〇万円もの値が付いたものをシュレッダーでズタズタにすることで、そうした風潮に対し反撃したのではないかというのです。

ただ、皮肉なことに、この騒動のおかげで作品の価値が格段に上がったとされ、一部の専門家は、今回ズタズタになった《風船と少女》の紙くずの価値が今回の騒動で二倍、三倍になるとも言っています。そうなれば購入した富裕層は、反資本主義のバンクシーさえ、お金の力で所有できるのだと高笑いするでしょう。そのためバンクシーの今回の企みが、資本主義やアートの高騰化を攻撃するという本来の目論みからはずれてしまい、むしろアートの資本主義化を助長してしまう結果になるのではないかという批判も起こっています。

シュレッダーでズタズタにされた紙くずが価値を持つ。それは、作品という「もの」よりも「出来事」のほうが価値を持つことを意味します。もしかすると、そこにバンクシーの狙いがあったのかもしれません。

バンクシーには、自らが監督した映画『イグジット・スルー・ザ・ギフトショップ』がありますが、実に面白い内容です。現代アートの本当の芸術的価値はどこにあるのかという問いを巡り、名声と価格の問題について、一人のにわかアーティストの成り上がりを通してみるという物語です。アートになんの知識もない映画の主人公ティエリーが、バンクシーの演出によって、ミスター・ブレイン・ウォッシュという名前のアーティストになっていくという現代アート界の成功を戯画化したような作品で、芸術と資本主義の本質を突く物語展開は流石にうまいものがあります。

またバッドジョークは天才的で、バンクシーが監修した本当にあったディストピアなテーマパーク「ディズマランド」では、一七カ国約五〇人のアーティストが参加した異色の展示で、移民で溢れたボートや無政府主義者たちの訓練キャンプなどからなる世界一憂鬱になるテーマパークで、大いに話題になりました。ともすれば絶望的な今日の社会情勢を問題提起しながらエンターテインメントにしていくクリエイティブはさすがです。

権力者たちと切っても切れない関係

資本主義ときわめて親和性の高いアート・ビジネスの中で、資本主義を批判するアーティストもいれば、それを利用して自らをプロデュースしながら価値を高めていくアーティストもいます。すでに一世紀も前にマルセル・デュシャンは、このように叫んでいました。「我々には貨幣に代わるものがたくさんある。貨幣としての金、貨幣としてのプラチナ、そして今や貨幣としてのアートだ」

実際に超売れっ子のアーティストの中には、自分を〝造幣局〟と冗談交じりで呼ぶ人もいます。確かに社会的な〝幻想〟という意味では、アートと貨幣は似ています。アートが作家の芸術的創意を結晶化させたものであることは間違いありませんが、一方ではグローバルな金融商品であることも事実です。

第3章でも紹介したアート界のオリンピックとも称されるヴェネチア・ビエンナーレは、世界でもっとも格式の高い、現代アートの祭典のひとつで、一〇〇年以上続く世界において最古の国際展です。また「ポストコロニアリズム」「マルチカルチュラリズム」など、時代の課題をいち早くテーマにする正統派の国際的な現代アートの発表の場でもあり、今後の一〇年の現代アートの動向を占うともいわれています。二〇一五年には、グローバル資本主義を批判する企画展も行われましたが、そこには大きな矛盾がありました。暴走する資本主義をいかに批判しようと、結局のところ、アートの価値付けは、資本主義社会の勝者である、ごく少数の富めるものが行うからです。このようにアートは、資本主義の競争社会、中でも「勝ち組」である権力者たちと切っても切れない関係にあります。

アーティストによる資本主義に対する批判そのものが、グローバル資本主義によって拡張し続けてきたアート・マーケットに追従し認められ価値の高騰を招くというジレンマ。これは、なんとも皮肉なことだとしかいいようがありません。

所有者の変遷

それにしてもアートにおける交換価値の実体とは、何でしょうか？　貨幣のように国という権威が保証したものでも、価値が固定されたものでもありません。

価値が上がるためには、それに値するということを信じるだけの根拠がなければならないでしょう。誰が何によって価値を保証するのかといった問題です。

アートの価値付けの変遷を歴史的に振り返ると少し根拠が見えてきます。そもそもアートは誰が所有したかということです。

アートは、かつて王侯貴族や為政者などの一部の支配層が所有して愛でていました。贅の限りを尽くしたものや万人を教化するために描いたものなど、美的で希少性の高いものです。

つまり権力者が代わっても世の中の富を握る一部の者たちのものだったのです。あのダ・ヴィンチやミケランジェロも時の権力者のために作品を提供しました。

ところが、一八世紀後半の産業革命以降、その様相は変わってきます。富を持つものが市民層にまで広がるとアートも同様に、それまでアートを所有してこなかった層にまで広がっていきます。時代が下り、資本主義社会が発展していくにつれ、下部層にまで広がっていったのです。例えば印象派の絵画は、当時台頭し始めた新興の資本家たちのために描かれています。プチブル（少ブルジョワジー）といわれる資本家と労働者の中間に位置するような人々が登場し始めた時代です。

トリックスター

社会全体の生産力が上がり、社会が豊かになり、多くの者が富を所有するに従い、アートも広がっていくのです。この現象をアートの民主化と考えることもできます。

フランス革命後、王宮であったルーブル宮を美術館にしたのも、王と貴族に独占されていた美術を市民に開放する〝民主化の動き〟によるものです。

多くの者がアートを所有し、アートの価値付けに参加するようになれば、アートはより開かれた価値として普遍的な存在になります。それが今日までの美術の歴史の流れです。かつて欧米を中心に所有されていた富は、グローバリゼーションにより世界に広がり、中近東、ロシア、南米、中国、東南アジア、インドと世界中に金持ちを生み、そういった人たちが、アートを所有し始めたのです。

アートを認知し、所有する人が広がることで世界中の人々がアートの価値付けに関わっているのです。世界に登場した新興の金持ちとはいえ、かつてのようにヨーロッパの特権階級だけではないのです。誰が「交換価値」を保証しているかといえば、世界の人々ということになります。

アートは資本や権力から自由になろうとする一方で、それらに絡め取られるというジレンマのもとで展開してきました。取り込まれては、逃れるという繰り返しです。アーティストのスタンスも、強欲と気高い理想の両面を持つ現実主義者と理想主義者です。まるでトリックスターのようです。

アートのブロックチェーン

この先のアートの価値付けの主役は、誰になるのでしょうか、富める者のままなのかそうでないのか。まだ誰にもわからないのですが、興味深い動きが出てきています。

ブロックチェーンです。仮想通貨の背景にある思想として、仮想通貨は、貨幣を国家の保証から解き放ち、それを所有する人たちによる相互監視により価値が保証されるという考え方です。ブロックチェーンがうまくいくかどうかはこれからの問題ですが、相互監視性や場の公開性などの民主的なプロセスが特徴で、今のアートのマーケットの偏りを是正する機会を提供する可能性を持っています。

実際に、ブロックチェーンの考え方をアート市場に応用してスタートバーンという企業が、「アート・ブロックチェーン・ネットワーク」事業を立ち上げ、推進しています。同社代表の施井泰平は、現代アーティストの顔を持つ起業家です。東大大学院修了のインテリで、事業の目的に「アートの民主化」を謳うなど、まさに「交換価値」の決定プロセスの公開性や参加権を高めてブラックボックス化した値付けの仕組みを変えたり、いくら作品が値上がりしても制作者であるアーティストに一銭も入ってこないセカンダリー・マーケットの仕組みを是正したりして、アートの所有の在り方に改革をもたらしています。

本質的な価値とは何か

商業的な成功を収めたアーティストは、意図的にせよそうでないにせよ、誰もがグローバル資本主義と癒着した、アートの世界に生きています。そうしたシステムから逃れられないのが、現代アートの宿痾《しゅくあ》ともいえるでしょう。

実際にヴェネチア・ビエンナーレに足を運べば、シャンパンの乾杯で始まる、豪華なレセプション・パーティがあちらこちらで開催されていて、大統領から大臣といった政府要人から、投資家、大手企業のトップなど、社交界に欠かせない面々が顔を揃えています。

本来、アートはアーティストが自分を取り巻く世界や現実の出来事に向き合い、それを形にして表現したいという強い衝動から生み出されるもので、販売を目的に生産される商品とは、性質が異なるものです。

しかし、グローバル資本主義の中で、作品が完成していったんアーティストの手を離れてしまえば、他の商品と同様、価格がつけられ、ディーラーやコレクターの間で売り買いされる宿命にあるのです。さらにアートでお金儲けをすることが、悪であるともいい切れません。

経済的な成功を収めている村上隆も、その著書『芸術闘争論』（幻冬舎）の中で「芸術の本質は人間の欲望と触れなくてはいけないという意味で、資本主義という、世の中にはびこる怪物と接しなければいけない」と述べています。

ただし、芸術とは、お金とは異なった無形の価値をつくり出すものにほかなりません。それが中心的なテーマであり、資産としての芸術品は、その次にくるものです。

アートの本質的な価値とは、見る人の感情や精神を揺さぶり、生きている意味を肯定するものでもあります。

もしかすると、アートは、宗教に近いものなのかもしれません。それは言語化することがもっとも難しい価値でもあります。その価値は、決して金銭に置き換えられるものではありません。だからこそ、アートの価値は、無限性を秘めているといえるのです。

第4章 アートを知るためのまとめ

1. 西洋美術は破壊的イノベーションにより常に進化してきた

2. デュシャンは、芸術という概念に革命を起こした。デュシャン以後と以前では芸術の様相は大きく変わり、彼はコンセプチュアルアートの創始者としての位置づけである

3. アートには、それらが育まれてきた文明観が強く反映される

4. 「交換価値」から、美術作品は投資対象としても大変人気がある

5. アートが拡大し続けるように、資本主義も拡大を続けていくだろう。それは美に限界がないように人間の欲望にも限界がないためだ

6. 職人的な高い技術力も、未知の領域に対する挑戦もアートの世界ぐらいにしか残っていないのかもしれない

7. 知名度、制作年代、存命か物故か、制作された作品数、これからも新たな作品が世に出るのかといったアーティストに関する様々な条件により価格は決まる

8. 専門家たちにより、美は語られ、取引され、評価されて、やがてアートとしての権威を持つことになる

9. どんなアート作品にも社会化のプロセスが必要で、その結果、資産としての価値も生まれる

10. アートの価格は「プライマリー・マーケット」と「セカンダリー・マーケット」の二種

類の仕組みで決まる

11．近年のオークションは劇場化している。オークション会社はこのような状況を仕掛けるために名作、傑作のたぐいを世界中を駆け巡り、血眼になって探している

12．バンクシーは反戦、反暴力、反体制、反資本主義といったテーマで作品を発信してきた

13．社会的な〝幻想〟という意味ではアートと貨幣は似ている

14．アートは、資本主義の競争社会、中でも「勝ち組」である権力者たちと切っても切れない関係にある

15．社会全体の生産力が上がり、社会が豊かになり、多くの者が富を所有するに従い、

アートも広がっていく

16. アートの本質的な価値とは、見る人の感情や精神を揺さぶり、生きている意味を肯定するものであり、もしかすると宗教に近いものかもしれない

コンセプチュアルアート

一九六〇年代後半から七〇年代にかけて表れた前衛芸術ムーブメント。絵画や彫刻という形態をとらなくても、構想や考えだけでも芸術と見なす考え方を持つ。ルーツは、レディ・メイド作品《泉》をつくったマルセル・デュシャンまでさかのぼる。

印象派絵画

一九世紀後半にフランスで発生した芸術運動である「印象派」の画家たちが描いた絵画。写実よりも、画家の目にどう映ったかを重視する。空間と光の変化を描くのが特徴。印象派という名前は、クロード・モネの作品《印象・日の出》に由来する。

ギャラリスト

自分のギャラリーを持つ美術商のこと。専属契約を結んだアーティストの展覧会を開き、作品の売買を行う。巨匠たちの作品を広めたり、若い才能を見出し、育て、世界に発信するなどの役割を担う。

奈良美智（一九五九〜）

鑑賞者を見返す、特徴的な子どもをモチーフにしたドローイングやアクリル絵の具による絵画で知られる。ニューヨーク近代美術館やロサンゼルス現代美術館に作品が所蔵されるなど世界的な評価を得ている日本のアーティスト。

デイヴィッド・ホックニー（一九三七〜）

イギリス生まれ、現在はロサンゼルスを拠点として活動。一九六〇年代よりポップアート運動にも参加。西海岸の陽光を感じさせる華やかな色調で、プールのある邸宅や人物などを描いた絵が人気。イギリスの二〇世紀の現代芸術を代表する一人。

フランク・ステラ（一九三六〜）

戦後アメリカの抽象絵画を代表する画家、彫刻家。規則正しい黒のストライプで画面を覆うブラック・ペインティングで一躍有名になる。きわめて限られた要素で構成された作品はミニマルアート（シンプルな形と色で表現する彫刻や絵画）の先駆けとされる。また八〇年代に入ると一転、多様な色彩と曲線を使った複雑な形態の絵画とも彫刻ともつかない作品を制作。

ジョージ・リッキー（一九〇七〜二〇〇二年）

アメリカの現代彫刻家。金属を素材とし、可動的な構成的立体作品で知られ、音を発する作品も試みる。詩と分析科学の総合に基づき、風力を用いた独自なキネティックアート（動く、または動くように見える作品）をつくり続けた。

サイ・トゥオンブリー（一九二八〜二〇一一年）

ジャクソン・ポロック以降のアメリカ抽象表現主義の第二世代と位置づけられてきた二〇世紀を代表する画家。即興的な線や絵の具、数字やアルファベットを組み合わせた絵画や彫刻作品を多く残している。

サム・フランシス（一九二三〜九四年）

「色」をキャンバスに投げつけるように描く「スカイ・ペインティング」で知られる、抽象表現主義の流れを汲む色彩画家。カリフォルニアを拠点に、パリ、ニューヨーク、東京で独特の作品を創作し続けた。

オークション

複数の買い手に値をつけさせて、最高価格を申し出た者に売る方法。アートの世界に限れば美術作品を競売すること。個人コレクションの作品の売買が主である。世界的に有名なオークションハウス(競売会社)としてはサザビーズ、クリスティーズなどがある。

アート・バーゼル

スイス北西部の都市バーゼルで毎年、六月に四日間開催される世界最大級の現代アートフェア。世界各国から四〇〇〇人以上ものアーティストが芸術作品を出品する。世界中から主要な美術コレクター、関係者が訪れるため、バーゼルでは同時期に多くの展覧会やイベント、パーティが行われて賑わいを見せる。

アート・バーゼル香港

スイス・バーゼルで開催される「アート・バーゼル」のアジア版。アジア最大級のアートフェア。ビクトリア・ハーバーに面した香港コンベンション&エキシビション・センターを舞台に行われる。同じくアート・バーゼルマイアミがあるが、二〇一九年に、マイアミの売り上げを超えて、世界第二位のアートフェアに成長。

アートセントラル

アート・バーゼル香港と同じ時期に開催されるアートフェア。アート・バーゼル香港の「サテライト(衛星)フェア」の位置づけ。香港のアートシーンを盛り上げる目的で同時期に開催される。

M+

香港の西九龍文化区に開館が予定されるアジア最大級の現代美術館。欧米のテートモダンやポンピドゥー・センターに匹敵する美術館として構想された。対象は、現代美術、デザイン、建築、映像、写真、ファッションなど多岐にわたる。二〇一六年に開館予定であったが、工事の遅れなどで延期されている。

アールブリュット

美術史などの過去の文脈と距離を置いて制作された芸術作品のこと。美術の専門教育を受けていない人々が描いた優れた作品の総称。フランス語。英語ではアウトサイダーアートとも呼ばれているが厳密には異なった領域を指す。伝統や流行、教育などに惑わされることなく、自身の内側から湧きあがる衝動のままに表現される芸術。日本では、障害者アートの別称としても使われる。

インディジナスアート

オーストラリアの先住民族が制作する美術作品のことをいう。別名は、アボリジニアート。絵画作品が多いが、写真などの現代的な表現もある。先住民族のアート作品は、民族学博物館で展示するか、現代美術館で展示するかによって、その扱い方はずいぶんと異なるが、それはときに論争の種になっている。作品は先入観なしに見るとコンテンポラリーな抽象画のように見えるものもある。

メディアアート

コンピュータその他の電子機器等を利用した芸術。空間全体にインスタレーションとして展示するもの、特別な機器を装着して体験するもの、インターネットで発表されるものなど様々な形式がある。

ハイブリッドアート

人工知能、ロボット工学、生物学、物理学、実験的インターフェース技術（音声、ジェスチャー、顔認識など）といった最先端科学や新興技術との組み合わせで視覚的に表現するアートのこと。

ディープラーニング

機械学習の一種で「コンピュータがデータに基づいて自ら学習する能力を持つ」ことを実現する技術のこと。人工知能の急速な発展を支える技術。近年、対象を分類、認識、検知、記述する能力、一言でいえば「理解」する能力が大きく向上している。

チームラボ

二〇〇一年に現代表取締役、猪子寿之ら五人で創設。自らを「ウルトラテクノロジスト集団」と名乗り、検索エンジン開発から、情報システム構築、アプリケーション開発、空間設計など多岐にわたるビジネスを展開。企業として自主的に創作するデジタルテクノロジーを利用したアートが話題を呼んでいる。

ライゾマティクス

インタラクティブ(双方向)な広告プロジェクトや、先鋭的なメディアアート作品で注目されるクリエイター集団。広告・宣伝、ミュージアムや舞台作品から始まったクリエイションは、パリ・コレクションやミラノ国際博覧会、国内外のアーティストの大規模ライブ公演、中高生を対象とした教育など、多様なプロジェクトに発展している。

池田亮司(一九六六〜)

フランスと日本を拠点として活動する電子音楽、実験音楽のミュージシャンで現代美術作家でもある。超音波や周波数など、音そのものの本質に迫る作品を発表。デジタルテクノロジーを最大限に駆使して、ライブとインスタレーションを行う。

Perfume

シンセサイザー・シーケンサーなどの電子楽器を曲に多用するテクノポップユニット。広島県出身の樫野有香（愛称：かしゆか）と西脇綾香（愛称：あ〜ちゃん）、大本彩乃（愛称：のっち）の三人組。クリエイター集団ライゾマティクスが手掛けるライブ演出が世界的評判を呼んでいる。

ポンピドゥー・センター

パリ四区にある総合文化施設。「近現代芸術の拠点をパリにつくる」としたジョルジュ・ポンピドゥー大統領（任期：一九六九〜七四年）の構想がもととなり、一九七七年に完成した。公共情報図書館、国立近代美術館・産業創造センター、映画館、多目的ホール、国立音響音楽研究所（ＩＲＣＡＭ）で構成されている。

ラ・ヴィレット

パリ一九区にある、パリ市内で最大の公園。公園内には、科学や音楽の専門施設、多くのモニュメントやフォーリーと呼ばれるオブジェが点在する。

クリスティーズ・ニューヨーク

一七六六年創業の美術品のオークションハウス。ロンドン、ニューヨーク、香港を中心に、世界各地で年間約三五〇回のオークションを開催、美術品だけでなく宝石、時計、家具など八〇種類以上に及ぶ分野を取り扱っている。

サミュエル・ニューハウス・ジュニア

（一九二七〜二〇一七年）

アメリカを拠点に、世界二七カ国で『ＷＩＲＥＤ』や『ＶＯＧＵＥ』『ＧＱ』をはじめとするタイトルを展開した多国籍雑誌出版企業、コンデナスト社の元名誉会長。

モナ・リザ

レオナルド・ダ・ヴィンチが生涯手元に置いていた油彩画。上半身のみが描かれた女性の肖像画で、「世界でもっとも有名な美術作品」といわれる。タイトルの《モナ・リザ》はダ・ヴィンチ本人によって名付けられたものではなく、後世、便宜的に名付けられたものである。

キュレーター

美術館で展覧会の企画・構成・運営などをつかさどる専門職。美術品の研究・収集・展示・保存・管理などを行う。日本語に訳せば学芸員だが、本来のキュレーターの仕事の範囲と権限はいわゆる学芸員に比べて段違いに広く、かつ強力。

ギャラリー

美術作品を陳列・展示したり販売したりする施設や組織。あるいは美術作品を展示するスペースのこと。本来は建築用語で、ヨーロッパの建築における部屋と部屋を結ぶ廊下の機能を兼ねる長大な部屋を意味したが、その部屋が絵画・彫刻の展示に用いられたことから、絵や彫刻を鑑賞するための通廊や広間、美術館や画商の店、などの意味が生まれた。

ヴェネチア・ビエンナーレ

イタリアのヴェニスの市内各所を会場とする芸術の祭典。約一二〇年の歴史を持つ。国際音楽祭、国際映画祭、国際演劇祭、国際建築展などの独立部門もあるが、美術展は、世界の現代美術の潮流を俯瞰できる場として、現在もヴェネチア・ビエンナーレの中心的存在。

ドクメンタ

ドイツのヘッセン州の古都、カッセルで一九五五年より五年に一度開催されている現代美術の大型グループ展。通常六月から九月にかけて一〇〇日間開催されるため、「一〇〇日間の美術館」という通称を持つ。

インフィニティ・ネット

現代美術家、草間彌生が一九五〇年代末にニューヨークで発表した絵画のスタイル、および作品シリーズの呼称。《インフィニティ・ネット（Infinity Net）》あるいは《無限の網の目》とも呼ばれる。水玉と並んで草間彌生の代表的なシリーズ作品となっている。

ソフト・スカルプチャー

布や糸のような繊維や、ゴム、脂肪などの柔らかく可塑性のある素材を使用して制作された彫刻や立体作品のこと。オブジェというよりは空間作品に近い。

ハプニング

本来は偶発的事件、出来事を意味するが、美術用語では一九五〇年代から七〇年代前半を中心に、北米・西ヨーロッパ・日本などで展開された、ギャラリーや市街地で行われる非再現的なパフォーマンスアートや作品展示などの総称。

インスタレーション

室内や屋外などにオブジェや装置を置き、場所や展示空間全体を作品とするアートのジャンル。観客に、空間全体を「体験」させることで作品を鑑賞させる。プロジェクションマッピングやAR（拡張現実）などの技術が発展していく中で、表現も広がり続けている。

サザビーズ

一七四四年にロンドンで創業された美術品競売会社。一八世紀に設立された世界でもっとも歴史があるオークションハウス。インターネット上で世界初の美術品のオークションを開催した競売会社でもある。

プライマリー・マーケット

金融市場で、プライマリー・マーケットといえば、企業や国・地方公共団体などが株式や債券を発行して資金調達する市場のこと。一方、美術市場では、アーティストが発表した新しい作品をギャラリーで客に売る、第一次的なマーケットのことを指す。

セカンダリー・マーケット

金融市場で、セカンダリー・マーケットは、すでに発行された株式や債券を、投資家間で売買する市場のこと。一方、美術市場では、プライマリーマーケットで販売された作品が、購入者の手元を離れて転売され、それらが集まり売買される市場をセカンダリー・マーケットと呼ぶ。

コマーシャル・ギャラリー

現代アート作品を扱うギャラリーには場所を貸し出すだけのレンタル・ギャラリー（貸画廊）と、ギャラリーがアーティストと契約して作品を展示・販売するコマーシャル・ギャラリー（企画画廊）の二種類がある。コマーシャル・ギャラリーでは、画廊主が費用を負担するため、アーティストは無料で展示できるメリットがある。

ガゴシアン・ギャラリー

アメリカのアートディレクター、ラリー・ガゴシアン（一九四五〜）が所有、運営している現代アートの画廊。世界中に一三のギャラリーとショップがあるトップギャラリー。ラリー・ガゴシアンは、アートワールドでもっとも影響力のある人物の一人。

オークションハウス

美術品の競売を行う場。またはオークションを行う競売会社のこと。一八世紀に世界最古の競売会社として設立されたサザビーズ、同じく一八世紀に美術商ジェームス・クリスティーにより設立された世界最古の美術専門競売会社クリスティーズが世界のオークション市場の二大巨頭。

バンクシー

イギリスを拠点とする匿名のストリートアーティスト。ステンシル（型板）を使用した独特なグラフィティ絵画と、絵画に添えられるエピグラム（短い詩）に、政治的・社会的な批評を込めるスタイルで、現在も世界中を舞台に神出鬼没な活動をしている。

芸術テロリスト

バンクシーを称して、こう呼ぶことがある。

ストリートアート

街頭などの公共的な場所で制作された視覚芸術で、美術館やギャラリーなどの会場の外で展示される非認可の芸術作品のこと。「グラフィティ（落書き、いたずら書き）」とも呼ばれる。市民権を得る作品も中にはあるが、本質的には迷惑行為であり犯罪である。

ポストコロニアリズム

西洋を中心とする、かつての帝国主義、植民地主義に対する反省的な態度を意味する。美術においては、西欧中心の一元的美術史観によって排除されてきた、周縁諸国の芸術の多元性への再解釈を促すものとされる。

マルチカルチュラリズム

多文化主義。西欧文化中心主義や、単一民族主義に対する概念で、民族は、各自の文化と同様、他民族の文化も尊重すべきだという理念。

ミケランジェロ・ブオナローティ

（一四七五〜一五六四年）

イタリア・ルネッサンス期の彫刻家、画家、建築家、詩人。有名な作品に、システィーナ礼拝堂の天井フレスコ画や《最後の審判》、彫刻では《ピエタ》や《ダビデ像》などがある。バチカンのサン・ピエトロ大聖堂の設計者でもある。

アート・ブロックチェーン・ネットワーク

スタートバーン株式会社が、丹青社、BTCompany、タグボートなど、国内企業と共同で開始したブロックチェーンを活用したアート市場活性化プロジェクト。あらゆる主体が発行した作品証明書や来歴の管理をパブリックチェーン上において実現する情報ネットワークを構築する。

施井泰平（一九七七〜）

インターネット、ブロックチェーンをテーマに活動する現代美術家で、スタートバーン株式会社代表取締役。来るべき「アートの民主化」を掲げ、アートに特化したブロックチェーン・ネットワークを開発。なお美術家として活動する際には「泰平」

名義となる。

ディーラー

美術商。美術家から美術品を仕入れ、それをコレクターなどの顧客に販売する業者。他の業者やコレクター、オークションなどから美術品を買い取って、さらに他業者への転売も行うディーラーもいる。

コレクター

美術品収集家。「コレクター」というときは、組織から独立してコレクションを行う個人収集家のことを指すことが多い。保存、公開、調査研究を目的とする美術館のコレクションとは異なり、個人の場合は趣味やアーティストのサポート、投資など目的はそれぞれに異なる。

レディ・メイド

本来は「既製品」を意味する言葉だが、美術では、マルセル・デュシャンによって考案された作品概念を指す。大量生産された既製品から、その機能や意味を剥奪し「オブジェ」として陳列したものをいう。

第5章 現代アート鑑賞法

【この章を理解するためのキーワード】
ゼロベース思考／ダダイズム運動／
インパクト、コンセプト、レイヤー／
マルセル・デュシャン、ヨーゼフ・ボイス、アンディ・ウォーホル

常識を疑う、ゼロベースで考える

アート鑑賞を通じて、常識を疑い、普段の見方とは異なる見方ができたり、認識の幅を広

げたりできることは説明しました。では、ここからは新たな見方を得られるようにするための美術鑑賞として、「現代アート」を取り上げます。

現代アートに対して、「わからない」「ヘンテコなもの」「不可解なもの」といった印象を持たれている方が多いかもしれません。しかし、現代アートほど、ビジネスパーソンが「思考の飛躍」を得る手がかりになるものはないかもしれません。

現代アートの特徴は、「深く感じ、考える」という傾向を重視することです。

歴史的、哲学的な見方を大切にして、大きな物語に自分を関係づけようとする一方で、一人の人間の目の前の現実を無視しない、例外にしない、そんな両者が成り立つ「解答」を見つけようとします。大義を探りながら、個別なものも活かすという発想でしょうか。個々の特別な状態も例外にしないといってもいいかもしれません。またそれは同時に、ミクロとマクロの両方の視点を持つ、あるいは歴史的な時間軸の中でどの地点に自分がいるのかを考えるといったことでもあります。

そのときには論理だけでなく、感性や感覚を使って、物事を見る、そしてその前提としてゼロベースで考えるということから始めるのです。

ビジネスであっても、思いがけないアイデアが湧く瞬間には似た感覚があるのではないでしょうか。

通常、何かを考えるときに使う方法は帰納的な思考です。つまり、一つひとつの体験を手がかりに、眼前にある問題を分析・解決するやり方です。しかし、この思考は、過去という限定された条件のもとで行われるため、問題の捉え方自体が狭小化してしまいます。ですから、過去の体験や常識をいったん保留にして、目の前の問題に向き合うことが大切です。そうすることによって、それまでに見えてこなかった解決の糸口が見えてきます。

パブロ・ピカソは「子どもは誰でも芸術家だ。問題は、大人になってからも芸術家でいられるかどうかだ」と言いました。その意味は、子どもは大人の常識を持ち合わせておらず、社会的経験も多くありませんが、その白紙に近い状態であることによって、かえって自由にゼロベースで考えることができるということです。しかしながら、大人になり常識を身につけるとそれに縛られて自由に考えられない。だから意識してゼロベースで考えることが必要になるのです。

アンディ・ウォーホルは、近代アートが信じるオリジナルという考え方に異議を唱えて「なんでオリジナルじゃないといけないの？　他の人と同じでなんでいけないんだい？」と言いました。つまりこれまでの常識を疑い、ゼロベースから考えたのです。それだからこそ、簡易なシルクスクリーンで大量生産するというこれまでのアートの逆を行く発想が生まれたのです。

「常識を疑う」あるいは「ゼロベースで考える」は、現代アートを鑑賞する基本的な姿勢で、ここから始めると言ってもいいものです。

アーティストには自分が「正しい」と思えば、常識に従ったり、空気を読んだりせずに突き進むところがあります。現代アートと向き合いつつ、ゼロベース思考を身につけて新しい発想を得てください。ビジネスパーソンにとって有意義な時間をつくれるはずです。

〝何でもあり〟の現代アート

現代アートとは一体何なのか？　それは、自分と社会との関係を探していく羅針盤のようなものです。そう考えると、現代アートは不確実性が増大する現代ときわめて親和性が高いといえます。

現代アートは、単に〝美しさ〟という定規では測れないものですが、だからといって美術のすべてを否定しているわけではないのです。むしろ、過去の歴史を物語として参照して、それによって個々の作品を成り立たせているところがあるのです。これまでの美術がなければ、逆に現代アートは成立しないといった側面を持っています。前の時代と断絶しながら奇妙に結びついているのが、現代アートです。

辞書で現代アートを調べてみると「現代の美術。多く、二〇世紀以降、または第二次大戦以降の美術をいう」（小学館／デジタル大辞泉）とありますが、実は明確な時期の定義があるわけではありません。

また言葉どおりにとれば、「現代のアート（コンテンポラリーアート）」ですが、現代に生きるアーティストの作品、すべてを「現代アート」と呼ぶわけではありません。

広く捉えれば、単なる時代区分として、今の時代のアートというように考えることもできますが、狭義の場合は、ある特別な傾向を持ったアートを現代アートと言っています。

では、日本画や油彩画、工芸などはどうなのかということになりますが、それは作品を制作する上での技法材料の区分であって、意味内容を規定する現代アートとは異なった観点の定義になります。日本画の技法材料を使った現代アートもありうるし、油彩画を使った現代アートも、また、漆や焼き物の現代アートも可能ですが、技法材料の定義だけでは現代アートにはならないのです。

では何が現代アートになるための要素なのか。それは考え方に軸足を置くということです。「美」を広く哲学的に捉えて、強いていうのであれば「現代社会の課題に対して、何らかの批評性を持ち、また、美術史の文脈の中で、なにがしかの美的な解釈を行い、社会に意味を提供し、新しい価値をつくり出すこと」といえるでしょうか。


何だか余計に難しくなったかもしれませんが、単に視覚的に〝きれい〟というだけでは成り立たず、むしろ〝美醜〟の基準を超えて、「人間について、視覚的な表現を中心にして、知性と感性を使って今の世界から捉える行為」といってもいいかもしれません。そしてそれはときに歴史的、哲学的、社会的な視点から解釈されるものともいえるのです。

同じ美術でも、美術愛好家が普段見慣れた印象派や古典絵画など、〝美しさ〟という観点で造形的に見ることができる作品とは根本的に異なり、感性を使いつつ、一方で頭の中で解釈を組み立てていくアートなのです。そして、〝考え〟を表明するためであれば、どんな表現メディアや形式を使用しても構わないというところが特徴です。絵画、彫刻、写真、ビデオ、映像、パフォーマンスなど、むしろ方法においては〝何でもあり〟というのが現代アートなのです。

ちゃぶ台返しの思考

あらゆるものに意議を唱える現代アートの姿勢はどこから来たのでしょう。

現代アートとは何かを明確にするために、近代アートからどんなふうに現代アートが生まれたかを説明しましょう。印象派などの近代アートと現代アートは、異なったルーツから生まれたかといえば、そうではなく、一九世紀から二〇世紀の近代アートを経て、変質していったものが、今日の現代アートです。

二〇世紀の抽象芸術の巨匠の一人であるパウル・クレーの主著『造形思考』（ちくま学芸文庫）には、「芸術の本質は、見えるものをそのまま再現するのではなく、見えるようにすることにある」とあります。芸術は、単なる見えるものの再現から、「目に見えないものをいかに表現するか」というものに変化していきます。それでもクレーの作品は、心など目に見えないものを色彩や形態に置き換えて造形的に表現していました。いくら抽象的とはいえ、まだ色や形があり、視覚的な造形に裏付けられたものだったのです。

印象派から抽象美術へという視覚的な造形革命を経て、現代アートはさらに劇的に変化していきます。アートが描く対象から自由になり、個性や内面の表出をするようになると、アーティストの興味はさらに広がり、例えば社会という、巨大で捉えどころのないものや、人間というもの、さらに、文明や文化、あるいは自然や環境といった、人間を取り囲むすべてのものへ広がっていきます。そして大きく広がったテーマに対してアーティストが感じることや考えていることを、手法を問わずにそのまま作品にしていくということを行っていきます。この時点ですでに絵画や彫刻という形式を脱して、オブジェや言葉や身体表現など、様々な表現が出現して、どんな方法でもいいという状態になっていきます。

その始まりが、視覚芸術だけでなく、文学や音楽を巻き込んで起こったダダイズム運動です。あらゆるものに懐疑の目を向け、ぶち壊していく反言語、反芸術の運動で、人間存在の意味を根本から見つめ直した、一種の思想運動でもありました。

それは人類がはじめて経験した世界戦争のさなかの一九一六年にチューリッヒで誕生しました。まさに革命や戦争や収容所という人間が極限の状態に置かれた時代の中で生まれた精神の極北のようなアートで、あらゆるものに反旗を翻す鬼っ子のような運動でもあります。

この反芸術を現代アートの始まりと考えていいと思います。二一世紀になった今日においても、現代アートの中には、どこかでダダイズムの精神を引き継いだ反骨精神が存在していますし、ちゃぶ台返しとも言える、すべてをゼロベースに戻して物事を捉え直す思想があるのです。

かなり高度で知的なゲーム

現代アートの出発点としてたびたび登場するマルセル・デュシャンのレディ・メイド作品（デュシャンが考案した既製品をそのまま使った芸術作品）の代表作である《泉》と題した陶製の小便器は、ダダイムズがもたらした新しい芸術のあり方を代表します（実際にはダダの宣言よりも早くデュシャンは制作していたといわれていますが）。「現代」という時代を真っ先に表現しようとする点や表現されたものをただ鑑賞するだけでは意味を理解することができないという現代アートの特徴は、前衛芸術が誕生した二〇世紀初頭にうまれました。

さて、長い前置きになりましたが、要するに目の前にある現代アートは、一筋縄ではいかないものなのだなあ、と退散しないでほしいのです。「現代アートの特徴は何か」という、この面倒な前提を了解しておくと現代アートの面白さが徐々に見えてきます。

かなり高度な知的なゲームであるがゆえに、ルールを覚えるまでは少々我慢が必要ですが、それを理解すればかなり面白いものです。

くり返しますが「今を最優先して、『時代』をテーマにしていること」、それに「眼の前のモノとそれが指し示す意味内容には、ある距離、あるいは断絶があり、そこに様々な意味が流れ込んでいるということ」という二つを覚えておくだけで、現代アートへの理解が進みます。そのための〝ちゃぶ台返し〟のゼロベース思考です。

時代については、「現代」をテーマにしているということでわかりやすいと思います。もう一つの、ものとそれが指し示す意味の間に乖離があるということについてですが、これも前半で盛んにお話ししてきた、「知覚と認識の誤謬」や「いい作品には幾重にも意味を読み込める多重性がある」といったこととつながっていて、ものとそれが指し示す意味との間には乖離があるということです。

通常は見えたものを見慣れた解釈で関連づけますが、それを疑うことで、思いも寄らない意味が生まれてくるということ。そして作品解釈に我々も参加することができるということなのです。

この二つを手がかりに作品を読み込んでみてください。

インパクト、コンセプト、レイヤー

現代アートのジャーナリストで世界の現代アート事情をよく知る小崎哲哉は、『現代アートとは何か』（河出書房新社）の中で、現代アーティストの杉本博司へのインタビューをもとにして、「現代アートの三大要素」を次のようにまとめています。

杉本はアートを見る上で、「視覚的にある強いものが存在し、その中に思考的な要素が重層的に入っている」ということが大事だと語ったそうです。「視覚的にある強いもの」「思考的な要素」「重層的」を小崎なりに受けとめて、それを「インパクト」「コンセプト」「レイヤー」という言葉にして、現代アートを構成する三大要素と定義しました。

この見方は理にかなっていて、ほぼ、どの作品にも当てはまる見方の基準になるでしょう。

一つ目の「インパクト」ですが、作品の見た目は、何か人と違ったオリジナリティや個性がなければならないでしょう。極端に大きい、小さい、硬い、柔らかい、きれい、きたない、奇妙、くさいなど、何でもいいので、人と違ったインパクトが必要です。

「インパクト」は何も外見だけではありません。コンセプトや作家の意表をついた行動であったり、発言であったりしてもいいのです。

二つ目の「コンセプト」です。どんな考えによってこの作品は成り立っているのか。何がメッセージなのか。これが作品の命ともいえるところです。

現代アートは、社会に起きることであれば、どんなことでも作品にしてしまいます。それは個々の作品レベルでも現代アート全般においてもそうなので、この作品はいったい何をテーマにして何にフォーカスしているのかを鑑賞するときに明確にしないと訳がわからなくなります。

ただでさえ何でもありのカオスな状況を呈するのが現代アートなのですから、作品の背景や文脈を押さえきれないと手に負えないものになります。

三つ目は「レイヤー」です。いい作品はいくつもの解釈が可能ということです。異なった意味の層が存在し、異なった解釈が可能なのです。

ダダイズムには「ものと意味との乖離」があると言いましたが、そうなったおかげで、イメージや意味を自由に加えていくことができるようになりました。アートの場におけるものは、単なるものではなく特別な意味をまとっているのです。

単純にものと意味が直結しているのではなく、いくつにも解釈できる、様々な意味内容のレイヤーがあるということが、いい作品といわれています。

本物のアートの条件

筆者がもっとも尊敬する、すでに故人となったアメリカの現代アーティストのウォルター・デ・マリアは、常々、「いい作品とは、いくつもの解釈ができる作品のことだ」そして「いい作品とは最低でも一〇種類ぐらいの異なった解釈ができるものだ」と言っていました。

意味の重層性があり、幾重にも解釈が成り立つことが本物のアートだというわけです。

作品の核心を鑑賞者に委ねるために、デ・マリアは、自作について解説的なコメントは一切残していません。それどころか作品の印象を妨げる恐れがあるとして、自分の姿さえも人前には出さず、自分と作品との間に距離をとりました。ですから生前は誰もデ・マリアを見たことはありませんでした。

ただ、作品を見て、想像してくれ、というわけです。これは極端な例かもしれませんが、「いい作品は自由に見ることができて意味が重層的だ」というのは、正しいあり方であり、いい作品の特徴でもあるのです。

それは別の言い方をすれば、作品が、「開かれている」ということです。意味が閉じて固定化しているのではなく、常に関わる人によって自由に解釈できる。いくつにも読み込むことができる開かれた構造になっているということなのです。いい作品であれば、さらに、意味は豊かになっていくのでしょう。

近代アートと現代アートの違いについてのまとめとなりますが、皆さんが見慣れた印象派の絵画は、視覚的に十分に楽しめる美しさを兼ね備えたまさに近代アートです。二〇世紀の中盤ごろになると絵画は絵が描く対象から離れて、抽象的になり、自由になります。それでもまだ視覚的な造形性がありました。一九八〇年代、九〇年代になると現代アートのほとんどは、視覚よりもコンセプト重視のものになります。

今日のアートに対して「純粋にアートを視覚的な快楽だけで楽しむことができなくなった時代」と言ったのが、アメリカの美術評論家・哲学者のアーサー・C・ダントーです。その傾向が揺るぎないものになったのは、一九八〇年代からです。そこからすでに四〇年近くたったわけですが、その傾向は変わっていません。

思考の罠を脱出せよ

アート作品を鑑賞するということは、アーティストから発せられた「問い」を受け取ることです。アーティストの発した問いについて考え、作品と対話することが鑑賞の醍醐味です。答えを自分なりに考える、自問自答していくことが現代アートを理解するプロセスなのです。

ビジネスでは「わからない」は悪いこととされますが、現代アートにとっては、「わからない」はむしろよいことなのです。私たちは「わからないもの」に接することで思考が促されるからです。

それでは現代アートの代表的な作家からそのことを学んでいきましょう。

現代アートの方向を決定づけた三人の巨匠、マルセル・デュシャン、ヨーゼフ・ボイス、アンディ・ウォーホルです。三人三様で、それぞれが特徴的です。現代アートを鑑賞する上ではスタンダードともいえるアーティストなので、今日のアートを大掴みするときに知っておくと便利です。

マルセル・デュシャン

マルセル・デュシャン（一八八七年～一九六八年 フランス）です。

現代アートをかじった人であれば、名前ぐらいは聞いたことがあるかもしれません。アートをコンセプトによってつくりだし、読むものにしてしまった人です。現代アートの創始者といっても過言ではありません。

その出発点になった作品が、デュシャンが《泉》と名付けた作品です。本書でも度々触れました。残念ながら、オリジナルは消失してしまっています。一九五〇年代になって、デュシャン監修のもと一七点のレプリカがつくられ、その一点が京都国立近代美術館に所蔵されています。

《泉》は、セラミック製の男性用小便器を上向きに置いただけのものです。デュシャン自身がつくったわけでもない、市販の工業製品で、彼はサインを入れただけ（既製品を芸術作品に転用したものをレディ・メイドと命名しました）。そのサインも偽名でR・マットと記されています。マットとは、デュシャンが便器を買った店の名前だったといわれています。

実際に《泉》は、一九一七年にニューヨークで開かれたアンデパンダン展に出品しようとして、実行委員から「こんなものはアートではない」と展示を拒否されています。「一ドルを支払えば誰のどんな作品でも受け入れる」はずのアンデパンダン展であるにもかかわらず、です。

デュシャンはそれまでの多くの美術作品を、「目から得られる刺激を楽しむ網膜的絵画」だとして批判します。デュシャンは、精神（脳）に快楽を与える新しい芸術を提唱すべく、《泉》を世に送り出したのです。それはただひとつだけのハンド・メイドにこそ価値があり、「美こそ善」であるといった、美術界の既成概念を打ち破るものでした。そのために彼は、あえて美から一番遠くにある便器を使って既存の価値観に意義を唱えたのです。

レディ・メイドをアートだと主張したデュシャンによって、長い歴史の中で、当たり前と思われていた芸術に対する概念が、覆されてしまったのです。

と同時に「芸術とはなにか？」という意味をゼロからつくり上げなければならない地点にまで芸術を引き戻してしまったのです。

しかし、こういうと何か終末的な気分になりますが、裏を返せば、まったくゼロから始められるものへと芸術を刷新してしまったともいえるわけですから、とんでもなく革命的なアーティストです。そして実際にデュシャン以後、様々な芸術運動が生まれました。

以後、作品は、コンセプトを重視したものになります。

他にも、通称「大ガラス」と呼ばれる《花嫁は、彼女の独身者達によって裸にされて、さえも》や遺作の《1．水の落下、2．照明用ガス、が与えられたとせよ》といった名作が残されていますが、どちらも問題文かなぞかけのようなタイトルを持つ作品です。

制作スタイルは、絵画、彫刻といったものから逸脱しており、一種の装置のようであり、現在のインスタレーション（空間設置に重点を置く作品）につながるスタイルです。

透明ガラスの上に機械を思い起こさせる金属製の形が張り付いており、それらの図像からいくつものストーリーを想像させる作品です。思わせぶりで難解なメモが存在していて、それらを参照しながら作品を読み込んでいけるようになっています。

また通常、「遺作」と呼ばれる作品は、デュシャン死後に初めて本人の遺言によって存在が明かされ、公開された作品で、観客は古い木製のドアに穿たれたふたつののぞき穴を覗き、ドア越しに見える風景を眺める装置のような作品です。

作品は、ドア越しに眺めることができる光景がメインになりますが、ドアや窓を含めた外観も作品の一部です。

ちょうど少し腰をかがめた位置にふたつののぞき穴があり、それを覗くと、ドア越しには壊れたレンガ壁が見え、先には深く暗い森が広がっています。

裸体の少女が枯れ枝の上でこちらに両足を広げて寝ていて、顔は手前のレンガの壁に遮られて見ることができず、表情をうかがい知ることができません。その姿からは生きているのか死んでいるのかもわかりません。左手にはガスライトを持ち、生々しい裸体を晒しています。

古い木製のドアに額を付けて一心にその光景を眺める観客は、まるで「のぞき」行為を夢中で行っている変質者を連想させます。のぞいている本人も、それを眺める他人も、どこか後ろめたい気分にさせられるのです。

「遺作」は、《モナ・リザ》を下敷きにした作品で、《モナ・リザ》を規範する西洋美術に隠された男性優位の視点や欲望について作品化したものといえます。

デュシャンの作品は、観客を含む関係の中で成立しています。あらかじめデュシャンが用意した答えがあるわけではなく、作品を挟んで想像を膨らませていくことができるのです。

このように頭を使う、あるいは対話を生む、知的なゲームとして現代アートを位置づけたのがデュシャンです。

ヨーゼフ・ボイス

二人目の巨匠は、ヨーゼフ・ボイス（一九二一〜八六年 ドイツ）です。

ボイスはデュシャンとは対極にいるアーティストですが、ボイスもまたデュシャンと同様にアートを破壊した人です。絵画や彫刻という古い形式を壊しました。ボイスがそのために根拠にしたものは自らの身体と行動です。そして自らが起こした行動の結果である出来事を唯一のアートと考えた人です。アートはまさに「もの」ではなく、「こと」になったのです。

アートの成り立つ場所をものではなく行動へ、あるいは、頭脳でなく身体へ。「あらゆる伝統はおしまいなんだ。僕はまったく別の場所に行くつもりだ」とは、ボイスの言葉です。

ボイスにとって、行為自体がアートなわけですから、そこで使用したものは行為の痕跡という意味しかありません。そこには絵画を制作するときのような、「人に美しく見てほしい」といった美的な配慮や造形的な要素はありません。アートは、ボイスが立ち会い、そこで関わる人との間に起きる時間の中に現れ、そして、消えていきます。アートは、その場に存在するのみで、終わってしまえば、消失してしまうのです。ですから、ボイスの残したものは、これまでのアート作品ではなく、ただの痕跡になります。その場に立ち会えなかった人たちは、その痕跡からボイスの行為の意味を想像するのです。

ボイスは、一連の行為によるアートを「アクション」と名付けました。代表的なものは、《私はアメリカが好き、アメリカも私が好き》というもので、第二次大戦後の新秩序が形成された時代に、圧倒的な国力で世界を制圧していた帝国主義的なアメリカをテーマにした政治的メッセージの強いパフォーマンスです。

アメリカの空港に到着したボイスはどこにも寄らず、目隠しされながらそのままギャラリーに到着すると一週間、そこで生活します。ボイスと一緒に時間を過ごしたのはアメリカの野生を象徴するコヨーテでした。相手は野生のコヨーテですから緊張した時間が過ぎていきます。ボイスの心を落ち着かせたのはボイスが特別な意味を持たせていた、度々作品に登場する毛布や杖でした。これらを身にまとってボイスはコヨーテとのやり取りをしていきます。

ボイスとコヨーテとの間で繰り広げられた時間は、ときに儀式的にも見える、不可思議な時間でした。時がすぎると今度は逆にギャラリーからどこにも立ち寄らずに空港へと向かい、ドイツに帰国してしまいます。コヨーテとの時間以外は、まったくアメリカに興味を持たず、一切を見ずに立ち去ります。

通常の視点からでは、意味を汲み取ることが困難なパフォーマンス行為は、タイトルとの関係から、六〇年代のアメリカ社会を強く批判したものとして受け止められています。しかし、その極端な行動の理由を誰も知るわけではなく、様々な解釈を生みました。

ボイスは自らの行動でアート表現をした人ですが、それだけでなく、社会的な影響力も行使しました。自由国際大学の開設によって大学の教育現場に関わり、たくさんの学生を育成しています。また緑の党の結党に関与するなど、政治の場にも積極的に介入していきました。大学の開設や政治への関与など、こういった社会活動を「社会彫刻」と呼び、芸術活動であると主張しました。ボイスにとって、芸術行為とは、政治や経済と同様に社会を創造し、動かしていく実践的な活動なのです。

一見、アクティビストと見紛うような芸術活動を行うアーティストがボイスに後続し、ハンス・ハーケ、艾未未《アイウェイウェイ》などの、政治批判をアート活動として位置づけるアーティストの流れをつくりました。まさに社会改革や革命の思想に直結したアートを実践した人です。

アートと政治を接近させていくという考え方は今日まで引き継がれていて、アーティストの活動だけでなく、展覧会を組織するキュレーションの場にも持ち込まれています。今年開催され、社会問題にまでなった津田大介監督の「あいちトリエンナーレ2019」の一部として行われた「表現の不自由展・その後」も、形式としては、ボイスから始まる政治、社会活動としてのアートの文脈で読み解かれるべきものになるでしょう（本文は、二〇一九年八月三一日に書かれました。状況が変化しているために、念のため執筆時期を明記しました）。

従軍慰安婦像として知られる《平和の少女像》（金運成《キムウンリン》、金曙炅《キムリギョン》・作）や焼かれた昭和天皇像《焼かれるべき絵》（嶋田美子・作）の展示など、ショッキングで論争を生む展示をあえて行っているわけです。ただ展示三日であえなく中止になったのは、脅迫めいた嫌がらせ行為があったとはいえ、少々腰砕けといえなくもないでしょう。たとえ政治的な内容であっても、それをアートの場において公開しているからには、アートを通して討議が開始されるべきで、それに対する了解がつくれなかったという点で主催者側の説明不足も問われます。

アートの場とは、一種の「自治区」「自由空間」として機能すべきで、それが継続できるように主催者も観客も配慮すべきなのです。出品作家の中から出品の辞退が出たり、「あり方検証委員会」が設置されるなど、開催から多くの課題が残された展覧会です。

現代アートは国際的な言語であり、対話の場であるので、日本人が考えている以上に世界的な関心を呼んでいる点が気がかりです。現代アート関係者やファンは、リベラルな進歩派が多いので、今後の日本の文化の国際的な評価を考えると丁寧に対応し、答えを出しておく必要があるでしょう。

ネット社会は誰でも気軽に政治に参加できる場をつくり出しましたが、一方で簡単にお互いがぶつかり合う分断の助長を生み出す回路もつくり出しました。自由であるからこそ、一人ひとりに高い道徳心やときに自己抑制していくような自制心が必要な時代でもあるようです。繰り返し「表現の自由」という意味から今回の問題を解こうとしている風潮がありますが、単純な言葉の繰り返しでは対処しきれない、そういう時代に入ってきました。

ボイスの話に戻ると、社会活動としてアートを提唱してから半世紀が過ぎようとしているのですが、さらに民主化が進んだ社会になりボイスが目指していた社会に近づいているようにも思います。ボイスは、誰もが芸術家であると提唱し自由国際大学では教師／学生という区別のない、社会変革について自由に討論する場をつくりました。私が学生時代にも東京藝術大学で印象に残る講義を行っています。先ほどもいいましたが、ネット社会は自由に誰もが政治参加できる機会を提供して、政治をお茶の間の話題に変えてしまったところがありますが、ボイスが目指した政治の民主化とは少々違った姿になっていなくもないと思えるのです。

ポピュリズムが蔓延し、その危うさも目につき始めています。左右どちらの意見も自由にいえる時代だからこそ何気ない言葉が取り返しのつかない方向に人々を駆り立てていく、危うい時代ともいえます。ボイスがこのような政治の時代を望んだかどうかは別として、政治が日常に接近してきていることは確かです。

ボイスによって、アートはものを離れて、行為を通した活動となりました。またアートを空想世界のものと考えずに、実際の社会の変革の道具にしていきました。

後でご紹介するリレーショナル・アート、ソーシャル・エンゲイジド・アート、コミュニティ・アートなど、対社会のアート活動の原点は、ヨーゼフ・ボイスにあります。

アンディ・ウォーホル

三人目は、アンディ・ウォーホル（一九二八〜八七年 アメリカ）です。

もっとも現代的なアーティストのひとりだといえるでしょう。ただし、これは〝現代〟をどのように見るかで変わってくるでしょう。

現代社会を司る体制は、資本主義、消費社会、自由主義だということを否定する人はいないと思います。ベルリンの壁の崩壊、ソビエト連邦の解体など、社会主義体制が消えていく中で、資本主義が世界を覆ったというのは間違いないことです。

勝者としての資本主義をものの見事に象徴する存在が消費文化です。人々は、消費生活の中で人生の喜びも悲しみも感じているのです。まるで空気のように消費活動は、私たちと共にあります。もしその「消費」というものに適当なポートレートがあるとしたら、どんな姿をしているでしょうか？　きっとウォーホルの作品のようなものなのではないかと思うのです。

ウォーホルは、「すべてを知りたければ、表面だけを見ればいい。裏側にはなにもない」と、自身の作品について述べました。まさに奥行きのない、表面だけの鏡のような作品で、クルクルと目まぐるしく変わる消費社会の表層の姿を映し出しました。

二〇世紀は消費文明を謳歌したアメリカの時代ともいえますが、その本質は、そう楽観できるものでもありません。すべてが消費の対象になり、表面的なもので判断されていく、薄っぺらな時代です。それはものだけではありません。人も社会も消費の対象になるのです。人の死や不幸ですらも薄っぺらな情報へと変換されていきました。

マリリン・モンローやエルヴィス・プレスリーといったメディアを賑わすスターたちの肖像から自動車事故現場や電気椅子まで、悲愴な社会の表層として、それぞれのアイコンを抜き取っていきました。

普通に出回っているスチール写真を流用して、典型的な、定型化したイメージを作品にしました。そこにはこれまでのような、画家のオリジナルな描き方も、時間をかけた探求も創意工夫もなかったのです。ただ、大量製品をつくるように何枚も刷られたシルクスクリーン作品がありました。

人が美術作品として買うなら、それは美術作品だ

当時は、まだまだ画家が精魂込めて一点ものの油絵を仕上げるのが当たり前の時代で、美術界から「シルクスクリーン印刷で大量に刷られた作品が果たして芸術といえるのか」との批判の声も集まりました。そもそもウォーホルは、それまでの芸術家のように作品を「制作」していたわけではありません。自らのアトリエをファクトリー、つまり工場と呼んだことからもわかるように、彼は作品を工場でまさに「生産」するように制作していました。自己表現のためでなく、流れ作業のようにアートを大量生産していたのです。

そうした批判の声にウォーホルは、こう反論しました。

「人が美術作品として買うなら、それは美術作品だ」

つまり芸術かどうかは、鑑賞する側が決めることだと彼は言うのです。デュシャンは既存の芸術を否定しましたが、ウォーホルは、芸術品とそうでないものの境界を破壊してしまいました。

ウォーホルは、マリリン・モンローがどんな人間で、どんな内面を持っているかといったことにまったく関心を示しません。表面的なイメージだけを量産します。大衆が望むステレ

オタイプなモンローのイメージをただ増幅し、皆が見たいと望むものを作品化しました。目に見えない、しかし世界に渦巻いている人間の欲望こそが現代社会を動かしているものだというのが、ウォーホルの〝考え〟です。メディアで量産され消費される人々の欲望。それをはじめて見える形で作品化したのがウォーホルでした。

ウォーホルが登場してから、アートはさらに目の前の現実を対象にするようになり、多くの人々が向き合い、信じる大衆社会や消費社会といったものを相手にしました。

それまでの〝世間に背を向けて孤独な世界に浸る芸術家〟というイメージとはまったく異なったアーティスト像をウォーホルは提供します。

現代アートだけでなく、ロックバンドのプロデュースや映像表現などの幅広い活動を通して、アートからファッションまで影響力を持ち、若者たちが熱狂した六〇年代、七〇年代のニューヨークカルチャーのシンボルとなっていきました。それはスキャンダラスで、エキセントリックなものでした。

そもそもアートとは何なのか、ウォーホルは作品でデュシャン同様、私たちに問いを投げかけたのです。そしてアートは、アーティストの内面やアイデアを単に表現するものではなく、アーティストが生きる時代を鮮烈に体現する存在になっていきます。

大きな物語から小さな物語へ

二〇世紀には様々な芸術運動が起こりましたが、その大半が「〜イズム（主義）」と称するものです。フォービスム、キュビスム、表現主義、ダダイズム、シュールレアリズム、抽象表現主義、ネオ・ダダ、ポップアート、ヌーヴォーレアリスム、コンセプチュアルアート、ミニマリズム、新表現主義、シミュレーショニズムなどです。

細かなものを挙げればキリがないほど、芸術は自らの目的を探し求めて様々な主義主張を行ってきたのです。デュシャン、ボイス、ウォーホルなどの巨匠たちもこのイズムの時代に生きたアーティストたちです。

ところが、冷戦構造が崩壊した一九八九年以降、運動と呼べるものはほとんど生まれていないという事態が起こります。まさに「進歩発展型の芸術の終わり」です。

以後、無風状態の中でアートは展開することになるのですが、さてこの事態をどのように受け取るかでずいぶんと歴史の見方は変わってきます。単純に「芸術の終わり」と受け取るか、それともまた別の何かが始まるのかということです。

ダントーの予想では、最初、現実の模倣であった芸術が、次にはイデオロギーの時代になり、それぞれが競い合うが、それもすぎると、次第に「何でもあり」のポストヒストリカルな時代に入る。その時代は、もはや「こうあらねばならない」というものがなくなる時代になる、といいます。

このようなことを八〇年代の同じころに言っていた政治経済学者がいます。アメリカの学者でフランシス・フクヤマです。彼が一九八九年に発表した論文「歴史の終わり？」も同様の歴史の見方をします。この本は日本でも出版され話題となりました。社会主義が終焉を迎え、自由主義と社会主義のイデオロギーの対立が終わり、社会の平和と自由が永遠に続くという仮説でした。社会が無風状態になるというのがポイントです。

弁証法を使いながら論を展開する方法や歴史の進化論的展開は、ダントーと同じくヘーゲルを模したものですが、実際は、社会は次々と新しい課題を迎えているというところで、フクヤマが思った時代にはなりませんでした。アートも同じように次々と新たなものが生まれてきています。ただかつてのように進化論的な、あるいは一元的な、大きな物語では語れなくなったのです。

やがて大きな物語から小さな物語へ、そして日常の暮らしや人々の関係へとテーマも変化していき、大掛かりなプロジェクトや物量を誇る作品から、コミュニティや社会などをテーマにした作品へ、また、アーティストたちの活動拠点も分散していきます。

参加型のリレーショナル・アート

一九九〇年代になると、見るだけではなく、寝転がる、食べるなど、作品と観客とのコミュニケーションを重視する、参加型のリレーショナル・アートが目立ってきました。

特にユニークなのは、ブエノスアイレス生まれのタイ人アーティスト、リクリット・ティラバーニャのリレーショナル・アートです。

九〇年にニューヨークの画廊でタイ風焼きそばを振る舞った《パッタイ》に続き、九二年と九五年にはタイカレーをサービスするなどのパフォーマンスで一躍注目を浴び、以降、観客とのコミュニケーションを重視したリレーショナル・アートの第一人者として注目されています。リクリットは、「アートは何かと何かをつなぐもの」と言います。

イギリスを代表する現代アーティスト、リアム・ギリックが「生活を芸術化すること」をテーマとした作品をつくり続けているように、こうした「アートの日常化」も今では現代アートの重要なテーマとなっています。

観客との関係性さえもアートとなる時代。そのことについて、フランス出身の理論家・キュレーターであるニコラ・ブリオーは著書『関係性の美学 "*L' esthétique relationnelle*".1998

仏』の中で、ＩＴ産業やサービス産業が増え、経済構造が大きく変化したことがその背景にあると指摘しました。

つまり、人とのコミュニケーションのような無形の価値も、現代社会ではアートが扱うべき対象になると言ったのです。六〇年代までは盛んだった美術運動が影を潜めていた時期が長かっただけに、ひさしぶりの美術的な理論と運動と見なされて、『関係性の美学』は話題となり、その代表的なアーティストとして、リクリットは知られていきました。

ブリオーの『関係性の美学』が広まっていくと批判も現れてきました。ブリオーの言う関係性は、内輪の人間関係だけを想定している。しかし社会では「敵対」関係にあるものや「排除」を含むような行動が生まれるのが普通である。こういった人間関係の政治学を正しく見るべきなのではないかと、批評家・美術史家のクレア・ビショップは、「敵対と関係性の美学」という論文の中で言っています。

しかし、今日のアートにおいてはブリオーが言及し、多くのアーティストたちが認めるように、「参加」は重要なファクターです。

日本の参加型アート

参加型アートは、何も海外だけで行われているわけではありません。日本の国内でも九〇年代から盛んになります。地方都市や過疎の農村部を舞台にしたアートプロジェクトで町おこしとして、あるいはコミュニティの再生の試みとして、日本の各地で行われています。よく知られたものに越後妻有（新潟県）や瀬戸内（香川県）、別府市（大分県）などがあり、芸術祭の形を取ったり、プロジェクトの形を取ったりして、実施されています。

これらの成功により、雨後の筍のように日本中に同様のプロジェクトが誕生しました。その特徴は過疎化した町や村を現代アートによって活性化させていくというもので、現在では、ある一定の成果や課題が出てきていて、次のフェーズに移りつつあるといったところです。先行した越後妻有や瀬戸内、別府などは、観光、地域ブランディングなどで成果を上げていますが、中でも瀬戸内は、アートの島となったいくつかで、人口増加や経済の活性化が見られ、アートとまちづくりが結びついた例として注目されています。ただ、アートの趣旨をないがしろにして、観光コンテンツやまちづくりとしてのみ成果を評価するのは、注意すべき点です。あいちの例も含めて、アート自身の価値評価の強さを問われているようでもあります。

ここでは、例として私も初期に関わった直島のアートプロジェクトについて説明しましょう。島の南側の安藤忠雄設計による美術館開発と同時に、島の中央に存在する古い集落の中で古民家を使用したアートプロジェクトを継続して行ってきました。これが「瀬戸内国際芸術祭」へと続く、最初の一歩となるプロジェクトで「家プロジェクト」と呼ばれるものです。

一軒目の古民家「角屋」をアート作品として再生していくプロセスで、島民一二五人が参加。その結果、現代アーティストの宮島達男＋建築家の山本忠司の作品として古民家「角屋」は再生します。一軒の家を直していくプロセスの中で、島の歴史を掘り起こし、コミュニティの再生を図るというものでした。こういった古民家再生とアート作品の設置を続けていくうちに直島は徐々に〝現代アートの島〟として国内外で認知されていきます。

「家プロジェクト」は、コミュニティアートという視点だけでできているわけではありませんが、「地域」は重要なファクターでしたし、グローバル化が進んだ現代アートにあって、ローカリティを見直し、生活の場をアートの舞台にした画期的なプロジェクトでした。

「スタンダード」展、「スタンダード2」展と地域再生型のアート展を行い、家プロジェクトを七軒完成させて、私は直島を離れましたが、二〇一〇年にはそれをさらに拡大した第一回「瀬戸内国際芸術祭」が福武總一郎プロデューサー、北川フラムアートディレクターという体制で実施されました。

このときには、直島だけでなく、豊島、犬島などの近隣の島にまでエリアを広げて「アートによるまちづくり」を主眼にして行われています。その後、第二回、第三回と継続する中で、瀬戸内芸術圏という広域的なアートエリアを形成するところまで拡大していきます。

直島のプロジェクトや瀬戸内国際芸術祭は、アート作品というものだけが芸術的価値をつくり出すのではなく、場所や人々、アーティストや関係者を含めた様々な有形無形のものが関わって生み出されるのだということを教えてくれました。欧米と異なり、日本のコミュニティアートはまちづくりと一体化し、一般の人々の暮らしの場に近い場所でアートが実現するという点が特徴でしょう。

人々が関わる生きた生活の場は、同意や反発もある、小さいながらも、きわめて人間的な政治の場でもあります。そこに現代アートが関わることの意味はあるだろうと思います。なぜならばアートの割り切れなさ、人間臭さこそが、生きた生活の空間に近いものだからです。

欧米型の批評性の強いアートとは異なり、日本的な、あるいはアジア的な、といってもいいですが、集団性を拠りどころにした人と人の信頼から始まるコミュニティアートが、日本の参加型アートの特徴なのです。越後妻有にしても瀬戸内にしても二〇年を超えて、改めて振り返りの時代に入りつつあります。

ただ、現代アートに参加することを是とする時期はずいぶん前に終わりましたが、アートを足場にしてどのような創造的な未来につながるコミュニティをつくり出していくか、あるいは持続可能な地域社会を形成していくかという、アートを超えた街づくりのビジョンとの関係も考えていく必要があるでしょう。

そのときにアートは、アートの批評性や遊び心を忘れて、ただ街を効率的に建設する機能優先になってはいけないでしょうし、常に人間的な豊かさを創造しながら進めていかなければならないでしょう。

役立ちつつ、毒になる

現代アートを早足に振り返り、重要なアーティストや特徴的なアートについて触れてきました。皆さんが普段過ごしているビジネスの現場とは、ずいぶんと異なった世界だったと思います。

既成の価値観に反発し、センセーショナルな話題を振りまく現代アーティストたちはたくさんいます。アンディ・ウォーホルらのポップアートも、絶頂期を迎えていた戦後アメリカの豊かな大量消費社会を反映したものでした。

アーティストは、常にそのときどきの政治や社会の批判を行ってきました。一九三七年にはピカソが、スペイン内戦さなかにドイツ空軍が無差別爆撃を行ったことに抗議して《ゲルニカ》を描きました。そして、一九六九年には、当時ニューヨーク近代美術館にあった、その《ゲルニカ》の前で、アーティストたちが、ベトナム戦争への反戦運動を行いました。

近年でも中国の現代美術家、艾未未が天安門広場に中指を立てた写真をツイッターに投稿したり、スイス出身のインスタレーション作家、トーマス・ヒルシュホーンがグローバル資本主義を痛烈に批判する作品をつくり続けたりしています。

こうして時代を俯瞰的に眺めれば、現代アートが常に社会とリンクしながら歴史を刻んできていることに気づくはずです。

富の集中、貧富の差の拡大、後進国の貧困、非正規雇用の増加といった大きな社会問題から、SNSの承認欲求や人間の希薄なつながり、ファストフード依存といった身近な問題に至るまで、アートは、ときにシリアスに、ときにコミカルに時代を映し続け、警鐘を鳴らし続けています。

アートはまるで社会のトリックスターのように振る舞い、社会の内と外を行ったり来たりして、一定の距離をとりながら今の社会を相対化する役割を演じてきました。アートは人間に道徳を語り、ときに悪を語るのです。役立ちつつ、毒になるというのがアートです。うまく使いこなせるかどうかは、我々の社会の成熟度にかかっています。そこでは人間的な成熟が鍵なのです。

アートは、直接、ビジネスのヒントになるかどうかはわかりません。はなはだ心もとないというところではあるのですが、今の社会を考えるにあたって、これまでの視点では得られなかった考え方やものの見方を得るきっかけになるのではないかと思います。ビジネスもアートも人の暮らしの上にある以上、どこかで共有すべき点があるでしょう。皆さんにとって、本書が意味のある情報であることを願っています。

第5章　アートを知るためのまとめ

1．現代アートの特徴は、「深く感じ、考える」という傾向を重視すること

2．「常識を疑う」「ゼロベースで考える」は、現代アートを鑑賞する基本的な姿勢

3．現代アートは、自分と社会との関係を探していく羅針盤のような存在である。そのため不確実性が増大する現代ときわめて親和性が高い

4．現代アートは、過去の歴史を物語として参照して、それによって個々の作品を成り立たせているところがある

5．現代アートになるための要素は、「美」を広く哲学的に捉えて、「現代社会の課題に対して、何らかの批評性を持ち、また美術史の文脈の中で、なにがしかの美的な解釈を

行い意味を提供し、新しい価値をつくり出すこと」といえる

6. 絵画、彫刻、写真、ビデオ、映像、パフォーマンスなど、むしろ方法においては〝何でもあり〟というのが現代アートである

7. 現代アートの中には、どこかでダダイズムの精神を引き継いだ反骨精神が存在している

8. 現代アートの三要素は「インパクト」「コンセプト」「レイヤー」である

9. 現代アートの特徴を決定づけた三巨匠は、マルセル・デュシャン、ヨーゼフ・ボイス、アンディ・ウォーホルである

10. 頭を使う、あるいは対話を生む。知的なゲームとして現代アートを位置づけたのが、

デュシャンである

11．ボイスによって、アートはものを離れて、行為を通した活動になり、アートを空想世界のものと考えずに、実際の社会の変革の道具になっていった

12．アンディ・ウォーホルは、「人が美術作品を買うなら、それは美術作品だ」と言い、芸術品とそうでないものの境界を破壊してしまった

13．「アートの日常化」も今では現代アートの重要なテーマで、観客との関係性さえもアートになる時代である

14．欧米とは異なり、日本のコミュニティアートはまちづくりと一体化し、一般の人々の暮らしの場に近い場所でアートが実現するのが特徴である

15. 富の集中、貧富の差の拡大、後進国の貧困、非正規雇用の増加といった大きな社会問題から、SNSの承認欲求や希薄なつながり、ファストフード依存といった身近な問題に至るまで、アートは常にときにシリアスに、ときにコミカルに時代を反映し続ける

16. 役に立ちつつ、毒になるというのがアート。うまく使いこなせるかどうかは、我々の社会の成熟度にかかっていて、そこでは人間的な成熟が鍵となる

ウォルター・デ・マリア（一九三五〜二〇一三年）

アメリカ・カリフォルニア生まれの彫刻家・音楽家。場所や空間全体を作品として体験させるインスタレーション作品などを多数制作。ニューメキシコ州の砂漠に四〇〇本のステンレス製ポールを格子状に立てた《ライトニング・フィールド》が代表作。ランドアート、環境美術の代名詞になった作品。

フォービズム

二〇世紀初頭の絵画運動の名称。原色を多用した強烈な色彩と、激しいタッチが特徴で、たまたま批評家の発した言葉の中にフォーブ（野獣）という表現が入っていたことから、表現の荒々しさや激しさを表すネーミングとしてフォービズムと名付けられた。

キュビスム

絵画や彫刻のみならず音楽、文学、建築など様々な分野に影響を与えた二〇世紀初頭の前衛芸術運動。ジョルジュ・ブラックとパブロ・ピカソが創始者。あらゆる対象を幾何学的図形に還元して描く、立体派とも呼ばれる美術運動のひとつ。

パウル・クレー（一八七九〜一九四〇年）

ドイツ系スイス人画家、美術理論家。ドイツ表現主義の画家集団、「青騎士」をワシリー・カンディンスキー（一八六六〜一九四四年）らとともに結成、ドイツの総合的造形学校バウハウスでも教鞭をとった。当時の前衛芸術運動の様々なスタイルから影響を受けた個性的なスタイルが特徴。

ダダイズム

第一次世界大戦中の一九一六年、ヨーロッパで起こった芸術運動。戦争による破壊と殺人に対する反抗と虚無から、人間の理性を否定するなど、既成の秩序や常識に対する、否定、攻撃、破壊といった思想を大きな特徴としている。

シュールレアリズム

超現実主義ともいう。現実離れした世界や不自然な配置、不条理性がシュールレアリズム作品の特徴である。思想的にはジークムント・フロイト（一八五六〜一九三九年）の精神分析の強い影響下にあり、個人の意識よりも、無意識や集団の意識、夢、偶然などを重視する。

アーサー・C・ダントー（一九二四〜二〇一三年）

アメリカの美術評論家・哲学者。「アートワールド」という概念を生み出した。ダントーのいうアートワールドとは、特定の団体や組織のようなものではなく、文化的コンテクストもしくは「アートに関する言説を取り巻く、場の雰囲気」を指す言葉である。

ランドマーク作品

記念碑的作品。

ポップアート

商業広告・漫画・量産品など日常目に触れるものを主題として持ちこみ、従来の芸術概念を打破することを狙った現代アートの芸術運動。一九六〇年代にアメリカ合衆国でアンディ・ウォーホルが現れたことで人気を集め、世界的に影響を与えた。

ミニマリズム

装飾的・説明的な部分をできるだけ削ぎ落とし、大きな色面、単純な形態、パターンの繰り返しといったシンプルな表現で描かれた絵画のこと。物質主義礼賛とも受け取られるポップアートへの批判の動きとして現れた。

マリリン・モンロー（一九二六〜六二年）

アメリカ・ロサンゼルス生まれの女優兼モデル。一九五〇年代を代表するハリウッドのセックス・シンボルの一人として有名になった。一九六二年に薬物の過剰投与で亡くなるまでの一〇年ほどをトップスターとして過ごし、その死後も、大衆文化のアイコンと見なされている。

表現主義

人間の内面的な感情や主観的な意識を、外的な世界観の歪みによって強調するような芸術傾向のこと。二〇世紀初頭のヨーロッパで生じたフォービスムやドイツの「青騎士」らの活動へ至る一連の流れを指すことが多い。

抽象表現主義

一九四〇年代後半から五〇年代にかけてニューヨークを中心に隆盛した芸術様式。キャンバスを、作家の描画行為の痕跡のようなものであると考え、創作過程を重視する。代表的な作家に、ジャクソン・ポロック（一九一二〜五六年）、バーネット・ニューマン（一九〇五〜七〇年）らがいる。

ネオ・ダダ

一九五〇年代初頭に胎動した抽象表現主義に続く世代の傾向を示す名称。伝統的な芸術や美学の概念を否定する反芸術的な傾向から新しいダダと称された。印刷物、日用品、廃材など大量消費社会や俗悪さを象徴する素材を使ったコラージュやレディ・メイドを応用した作品が多い。

ヌーヴォーレアリスム
あらゆる伝統的な絵画技法を捨て、日常生活に溢れる既製品、廃棄物などを使って、美術作品の制作を試みる芸術運動のこと。大量生産の工業化社会における「新たな現実性」を模索する点から「新しいリアリズム」と呼ばれる。

新表現主義
一九七〇年代末から八〇年代にかけて、アメリカ、ドイツ、イタリアなどで起こった新しい具象絵画の動向。人物像、歴史的・神話的主題などを荒々しい表現主義風の筆致で描くスタイルが、難解なコンセプチュアルアートやミニマルアートへの反動から熱狂的に受け入れられた

宮島達男（一九五七〜）
ヴェネチア・ビエンナーレの若手作家部門アペルト'88で注目を浴びて以来、わが国を代表する現代美術家の一人となった。LEDライトを用いた作品によって「生死」を表現することで知られ、コンピュータグラフィックス、ビデオなどを使用した作品も手掛けている。

サブカルチャー
社会の支配的・中心的な文化に対して、一部の人々を担い手にする独特な文化のこと。絵画・彫刻・工芸などの伝統的な芸術、クラシック音楽、純文学、俳句、短歌などのハイカルチャーに収まらない、アニメ・漫画・ゲームなどの比較的新しいジャンルの文化全般を指す。

グラフィティアート
スプレーやペンキ、フェルトペンなどを使い、壁などに描かれた落書きのこと。六〇年代ニューヨ

ークのヒップホップカルチャーの流行から誕生したといわれている。日本でも、店舗の壁やトンネルの壁に落書きされたものが増えた。

リレーショナル・アート

作品の内容や形式よりも「関係（relation）」を重んじる芸術作品。関係性の美学という基本コンセプトは、九〇年代から二〇〇〇年代にかけて急増したインスタレーションをはじめとする新たなタイプの作品、地域振興を旨とするコミュニティアートなどの理論的な後ろ盾となっている。

リクリット・ティラバーニャ（一九六一〜）

アルゼンチン生まれのタイ人アーティスト。タイ風の焼きそばや、タイカレーを振る舞うなどのパフォーマンスで一躍注目を浴び、観客とのコミュニケーションを重視したリレーショナル・アートの第一人者として一九九〇年代の新しいアートの概念を開拓してきた。

リアム・ギリック（一九六四〜）

ニューヨークを拠点に活動。作品制作の過程で構築される様々な関係性に重点を置くリレーショナル・アートの代表的な作家として知られるギリックの作品は、すべて「生活を芸術化すること」をテーマとする。

ニコラ・ブリオー（一九六五〜）

フランス出身の理論家・キュレーター。一九九八年に刊行した著作『関係性の美学』で、同時代の作家や作品を、「関係（relation）」の創出という観点から論じたことから、その後「リレーショナルアート」が広く流布するきっかけを生んだ。

クレア・ビショップ（一九七一〜）

イギリスの美術批評家。論文「敵対と関係性の美学」（二〇〇四年）で、ニコラ・ブリオーの『関係性の美学』、およびブリオーが「リレーショナルアート」と認めるリクリット・ティラバーニャやリアム・ギリックらの作品を批判した。

山本忠司（一九二三〜九八年）

香川県庁建築部門の職員として、香川県庁舎等の建設を通して、日本を代表する建築家の丹下健三、アーティストのイサム・ノグチ、インテリアデザイナーのジョージ・ナカシマらとの交流の中で、建築家としての才能を発揮していった。代表作は瀬戸内海歴史民俗資料館。

瀬戸内国際芸術祭

二〇一〇年から始まった、瀬戸内海の島々を舞台に開催される現代美術の国際芸術祭。岡山・香川の両県にまたがる、一大イベントである。四回目を迎える二〇一九年は会期を春、夏、秋の三シーズンに分けて開催された。

トーマス・ヒルシュホーン（一九五七〜）

パリを拠点に活動するスイス出身のインスタレーション作家。戦争・貧困・民族などのテーマを中心に社会批判的な作品を発表。社会を現状批判的に表現するポリティカルアートの作家とされる。中古の日用品や廃棄物などの材料を使って作品を制作することでも知られる。

付録　注目すべき現代アーティストたち

この本を読んで実際に、アーティストたちの作品に触れてみたくなった方も多いのではないでしょうか。最後に「今、見ておくべき」アーティストたちをご紹介しましょう。彼らは今も、現代社会に生きながら、刺激的な作品を次々に生み出しています。

アート思考を養うために、もっとも重要なのが、傑作を実際に自分自身で体験してみることです。優れた作品には、人を感動させる力がありますから、傑作の前に立ってその力を肌で感じるほうが理解は早くなります。機会を見つけて、ぜひ展覧会などに足を運んでください。あなたにきっと新たな視点をもたらしてくれるはずです。

リレーショナル・アート――社会とアートをつなぐ芸術

リアム・ギリック（一九六四〜）

現在もニューヨークで活動を続けているリアム・ギリックは、一九九〇年代のイギリスで頭角を現したコンセプチュアルアートを制作するアーティストの一群、「ヤング・ブリティッシュ・アーティスト（YBA）」草創期のアーティストで、ダミアン・ハーストやサラ・ルーカスなどとともに英国現代アートの新境地を拓いてきました。

作品制作のほか、展覧会のキュレーションや美術批評、小説執筆なども行うマルチアーティストです。

作品制作の過程で構築される様々な関係性に重点を置く「リレーショナル・アート」の代表的な作家として知られるギリックの作品は、すべて「生活を芸術化すること」をテーマとしています。ギリックにとっては、それが理想的かつ人間的な社会生活の実現を意味するのです。

ミニマルアート、カラーフィールド・ペインティング、オプアート等の潮流を自身の制作の土台としながら、より複合的な手法で作品を展開させるギリックは、日本でも個展を開いていて、そこではアルミニウムやアクリルといった工業素材を用いた〝手すり〟や〝ドア〟、そして〝天蓋（プラットフォーム）〟といった、生活と芸術の共存というギリックの理想を体現する作品が展示されました。

しばしばこれらは、議論の場を提供するために制作され、構築された環境が人間の知覚や思考、コミュニケーションにどのように作用するかを問題にしています。

ギリックの展示は、グローバル資本主義の時代に生きる私たちが、今後、どのような社会の構築を目指すべきなのかといった普遍的かつ現代的な問題を、鑑賞者に問いかけます。

リクリット・ティラバーニャ（一九六一〜）

本編でも触れましたが、リクリット・ティラバーニャは、タイ風の焼きそばやタイカレーを振る舞うなどのパフォーマンスで一躍注目を浴び、観客とのコミュニケーションを重視したリレーショナル・アートの第一人者として一九九〇年代の新しいアートの概念を開拓してきた作家です。

アルゼンチン生まれのタイ人で、外交官の父とともにタイ、エチオピア、カナダ、アメリカなど様々な環境で育ったコスモポリタンのティラバーニャにとって、異文化への適応は彼の現実と切り離すことのできない日常的な行為なのでしょう。

調理、食事、人との出会い、会話など、普通の人々のきわめて日常的な営みを、ティラバーニャは、自分のアパートと同じ空間で再現したり、アマチュアバンドのためのステージを用意したりしながら、アートとして表現しています。

目に見えるオブジェは残らないものの、彼の「アート」に対する思想は、料理のレシピのように地元の人たちに継承されています。

アートの中に日常をそのまま取り込み、見つめてみる。そのことは日常に計り知れない深みを与えてくれることでしょう。

移動、国家、アイデンティティ——グローバル時代の『私』の輪郭

柳幸典（一九五九〜）

一章でも紹介した柳幸典は、ニューヨークでの活躍や大学准教授としての立場をすべて捨てて、現在は広島県尾道市の離島・百島から、アートを発信し続けています。

柳が百島に移住したのは「資本主義からなるべく距離を置くため」で、アーティストを目指したのも、アートの領域が資本主義と一線を画し唯一批評精神を持ち得る仕事だと思ったからです。柳は今も百島で、資本主義とそれが創り出した「都市」と距離を置きながら活動を続けています。

戦争放棄を謳った日本国憲法第九条の条文をバラバラにしてネオンサインにし、部屋いっ

ぱいに並べた《Project Article 9》や、様々な産廃や放射性物質、津波の漂流物らしきものでゴジラの頭部をかたどった作品《Project God - zilla - Landscape with an Eye -》など、柳の作品からは反戦、反原発、反資本主義といったラディカルな主張がうかがえます。

それらの作品は、多くの賞賛を浴びると同時に、前衛的で政治的なテーマであるがゆえに世界レベルで物議を醸してきました。

これからも現代における重要な問題を柳は持ち前の反骨精神が宿った、力強く、メッセージ性の強い作品を通して、私たちに語りかけてくれるでしょう。

スゥ・ドーホー（一九六二〜）

韓国出身のスゥ・ドーホーは、半透明の布を使った大型彫刻シリーズで世界に認められたアジアを代表する作家です。彼の活動拠点はロンドン、ニューヨーク、ソウル。その三地点を移動する中で得た経験をもとに、スゥは「物理的な空間」「移動」「記憶」について思考を巡らせ、家や家の中のアイテムを象った彫刻やドローイング、映像など、様々なアプローチを試みながら、個人と集団、国家の関係性を探り続けています。それらの作品は、いくつかの場所とその文化を経験するときに見えてくるものを通して、人間性やアイデンティティとは何かという、根本的な問いを投げかけるものです。

彼の代表作は《パーフェクト・ホーム》と題したシリーズで、自宅を精密に採寸し、半透明の薄い布を縫製して、ソウルの生家やニューヨークのアパートを原寸大で再現する彫刻作品です。スーツケースに入れて持ち運びできて、ひょいと吊ればどこにでも設置できる軽やかな「わが家」は、彼がこれまで住んだ空間の愛着のある手触りや日常の習慣を蘇らせるものです。

個人と集団の関係性を探るというテーマに沿った作品のひとつ、《コーズ・アンド・エフェクト》が、青森県の十和田市現代美術館の常設展示となっていて、いつでも見ることができます。

他に兵士の個人識別表であるドッグタグを膨大な量を使って鎧をつくりだした《サム／ワン》などがあり、個人のアイデンティティと家族、国家といった集団性との間の葛藤を感じさせる作品があります。

コマーシャル、資本主義、商品、芸術——ポップアートの展開

ジェフ・クーンズ（一九五五〜）

本章にも登場したジェフ・クーンズは、バルーン・アニマルのような鏡面処理を施したステンレス製の彫刻作品を制作するポップアートの作家で、近代アートの唯一性（アウラ）に反対し、大衆芸術のイメージを盗用することを特徴とする、シミュレーショニズム運動の代表的な作家として位置づけられています

クーンズはアメリカにおけるキッチュ性をもっともよく表現した作家で、現役で活動している現代美術家の中では、オークション市場で約一〇〇億円というもっとも高価格で取引される作家の一人でもあります。

クーンズは、世間から見たジェフ・クーンズ像を意図的につくり出すため、イメージ・コンサルタントを雇って、国際的な美術誌に作品に囲まれた自分の写真を全面広告として掲載するなど、それまでのアーティストにはない手法で自らをブランディングしていきました。

そんなクーンズに対する美術評論家の評価は真っ二つに分かれ、美術史において最重要であるとする者もいれば、クーンズの作品は下品であり、あまりにも商業的すぎると批評する

者もいます。

もともとはニューヨークで株の投資家だったという異色の経歴を持っていて、クーンズにすれば、アートはもっとも投資効率のいいビジネスなのかもしれません。ハイブランドのファッションとも相性がよく、ブランドが所有する美術館でも作品が数多く所蔵されています。

ダミアン・ハースト（一九六五〜）

ダミアン・ハーストは、リアム・ギリックと同じく、イギリスのヤング・ブリティッシュ・アーティスト（ＹＢＡ）の中心的な存在で、一九九〇年代のイギリス・アートシーンにもっとも貢献した人物です。イギリスの大手広告代理店のサーチ・アンド・サーチの社長であるチャールズ・サーチに見出されて、一躍時代の寵児となりました。

イギリスで「もっとも稼ぐアーティスト」としても知られており、二〇一二年の『サンデー・タイムズ・リッチリスト』によれば、その財産は約一〇億ドル、一二〇〇億円にもなるといわれています。

ハースト作品の主要なテーマは「死」で、サメや牛、羊などの動物をホルマリン漬けにした作品は一度見たら忘れられない強烈なインパクトを与えます。

ホルマリン漬けとなっていても中の生物は、時間経過とともに、徐々に形が崩れて腐敗していきます。永遠に存在すると思っているものであっても、月日の流れの中で物質はもちろん、私たちの心からもその存在は消え始め、やがては忘れ去られて消滅する。ハーストの作品にはそんなメッセージが込められているようです。

ハーストは二〇〇八年、ギャラリーやディーラーを通さずに直接に作品をサザビーズのオークションにかけて売買を始めたことでも知られています。結果、その作品は約一一〇〇万ポンド（約二一一億円）で落札され、当時、現役芸術家の落札総額で史上最高額を記録しました。芸術家が自身の作品を直接オークションにかけて売る行為は、サザビーズの歴史においてはじめてのことでした。現代アートのビジネス的な側面を見事に体現するアーティストの一人でもあります。ジェフ・クーンズと同様に、ファッション業界、デザイン業界とも相性がよく、ハイブランドが持つ美術館に所蔵されるほか、キッチュな話題も振りまいています。

村上隆（一九六二〜）

村上隆は、絵画や彫刻などのファインアートを中心に、ファッション、グッズ販売、アニメーション、映画など、従来においてはコマーシャル・メディアと見なされている領域でも積極的に活動している、日本を代表する国際的なアーティストです。

世界的には、「ハイ」と「ロウ」の境界線を曖昧にした表現である「スーパーフラット」で評価されていますが、それは浮世絵や琳派といった日本の伝統美術と戦後の日本のポップカルチャーの平面的な視覚表現に類似性や同質性を見出し、それらをひとつの画面に圧縮したものです。

村上は、欧米の美術市場で評価された後で、逆輸入する形で日本での活躍を試みた新しいタイプの芸術家でした。活動初期から日本の美術業界のマーケットに絶望していた村上は、戦略的に欧米を中心とした美術市場で、芸術家として自己を確立することを決めたのです。

彼は芸術家であると同時に、有限会社カイカイキキの代表であり、多くの人を雇用して芸術を生産する経営者でもあります。自身で「マティスのような天才にはなれないが、ピカソやウォーホル程度の芸術家の見た風景ならわかる。彼らの行ったマネジメントやイメージ作りなどを研究し、自分のイメージ作りにも参考にしている」と語っているように、アートをビジネスとして捉えているわけですが、その点でもピカソやウォーホルを参考にしています。

増田セバスチャン（一九七〇〜）

きゃりーぱみゅぱみゅのミュージックビデオで注目され、ファッション、ポップアートの分野で原宿をメインフィールドに「カワイイカルチャー」を牽引してきたアートディレクターの増田セバスチャンは、現代アートと「かわいい」ファッション・ムーブメントを武器に、アート、エンターテインメント、サブカルチャーの共存を目論みます。

二〇一四年には、初の個展である「Colorful Rebellion - Seventh Nightmare -」をニューヨークで開催、世界的な評価も高まりました。

同じ年には一九七九年に制作された実写人形アニメーション映画やCGや3D加工、色彩処理した『くるみ割り人形』が初監督作品として公開され、この作品は、ゆうばり国際映画祭で「京楽ピクチャーズPRESENTSニューウェーブアワード」を受賞しています。

思春期に家庭崩壊を経験し、学校に馴染めず鬱屈した毎日を過ごし、高校卒業後はフリーターになり、悶々とする日々を送っていた増田でしたが、演出家の寺山修司の著書『書を捨てよ、町へ出よう』に出会い、「既成概念で凝り固まるな、そこからどう飛び出すか」というメッセージに衝撃を受けて演劇の世界に入ったことが人生の転機になったといいます。彼の「カワイイ」も、既成概念を打ち破る「過激さ」を追求した結果生まれたものです。

松山智一（一九七六〜）

ナイキやリーバイスとのコラボで知られるアーティスト、松山智一。

その代表作は、様々なジャンルのアートのイメージを融合させ、オリジナルに消化されるまで再構築をしたシリーズで、狩野派の大和絵、江戸・明治時代の浮世絵、ニューヨーク生まれの抽象絵画、ポップアート、フランス近代絵画、ファッション誌の切り抜き、伝統的な着物柄、ネットにあるライセンスフリーのデザインなどをリミックスして制作されたものです。

日本とアメリカを行き来しながら幼少期を過ごし、どちらの国でもアウトサイダーだった松山の作品は、ノマド生活に必要だった調整感覚から磨かれた、ミックスカルチャーへの視点が創作の原点。そこには、世代的に感じてきたパンクやテクノ、ヒップホップといった、楽器を演奏しなくていいサンプリングやカットアンドペーストでつなぐ音楽的なアプローチも含まれています。

徹底的に表面的であるという点で、ウォーホルのポップアートの継承者ですが、さらに表面性を徹底しており、過剰な装飾性を持つに至っています。

過剰な現代アート、工芸、装飾——技術と半技術の闘争・現代アート化する工芸

葉山有樹（一九六一〜）

葉山は、有田を活動拠点にする陶芸家で、伝統の文様を下敷きにしながら、独自の歴史観と世界観を反映させて、他には類例を見ない細密描写によって、物語性の強い画面を制作しており、国内に留まらず海外でも高い評価を受けています。

陶芸制作のかたわら、著述業として絵本や小説などを手掛けていて、そこで語られる物語が焼物を飾る大事な装飾文様をつくりだす源泉になっており、陶芸制作時には演劇的な効果の強い、ドラマチックな画面をつくり出しています。

陶芸の制作のモチベーションは物語の制作によって生み出されており、陶芸に先立って、まずは物語をつくり上げるところから始まるという念の入れようです。

度々登場するモチーフは、龍、虎や天女など、伝説上の架空の動物や人物であり、過去の焼物に登場してきた古典的なものですが、その描写方法が極めてユニークであり、マンガやアニメから引用した方法であるため、実に現代的な表情を持った絵付け作品になっています。

年齢的には前近代的な陶芸生産様式の最末期の職人として厳しい修業の果てに技術習得を

した葉山ですが、戦後生まれですからマンガやアニメに影響を受けた漫画文化の第一世代でもあり、題材と描写のギャップが魅力的な作品を制作します。葉山の陶芸は、近世的な職人技術と近代的な漫画文化が見事に同居したユニークな存在であり、現代的な超絶技法を体現するものです。「工芸未来派」展に出品。

青木克世（一九七二〜）

白磁と染付という工芸の技法を使いながら、オブジェやそれを使ったインスタレーションを行う青木克世。制作するイメージは、デモーニッシュで、ディストピアな世界像です。ただそれらは、どこか漫画やアニメとつながっていく空想性や物語性に溢れていて、深刻さよりも夢の世界を思わせます。

また青木の作品の特徴は、過剰な装飾性にあり、まるで植物が繁茂してすべてを覆い尽くしていくように、装飾が自己増殖をして、原型をとどめないほどの変形をする。この過剰な装飾性がまさに見せ場であり、コンセプチュアルな現代アート界にあって、ものの魅力で見せていくアーティストです。頭を使って解釈していく作品が多い中で、改めてオブジェの魅力で魅せていくような作品が再浮上しています。それも工芸というジャンルから出てきているのが新しい動きです。

過剰な装飾は、幼少時の少女漫画の影響であり、登場人物のうち、特に主役級は髪や服や背景が過剰に装飾されて表現されていましたが、そのときの印象がそのまま青木の制作に反映されています。

私は工芸の新しい傾向を紹介する『工芸未来派』展を二〇一二年に金沢21世紀美術館で実施しましたが、そのときの参加作家でもあり、新しい時代を象徴する現代工芸アーティストです。

見附正康（一九七五〜）

日本の伝統工芸の一つである九谷焼の技法「赤絵細描」を使って、現代的なデザインにより、伝統色の強かった九谷焼の焼き物に変革をもたらしました。

九谷の赤絵が一番栄えた時期は幕末から明治期で、その当時に描かれた題材は、小紋、花鳥風月、高士などの人物等でしたが、見附はそれらの文様を排して、これまでにまったくない直線を主体とした幾何学文様によって、新たなイメージをつくり出しました。

得意な分野は大皿の制作で、皿には隙間なくびっしりと幾何学文様が描き込まれています。

人の技術を超えたような細密描写で、まるでコンピュータ・グラフィックスを使用したかのような精度で描いていき、その完成度によって、見る者を単純に驚かせ、唸らせる作品です。筆者がキュレーションをした「工芸未来派展」に出品。伝統の刷新に一役買っているアーティストのひとりです。

桑田卓郎（一九八一〜）

伝統が脈々と受け継がれる陶芸の世界で、独創的な作品が国内外から注目されているセラミックアーティストの桑田卓郎は、ニューヨーク、ロンドン、ブリュッセルなど、世界各地で個展を開催。自身の感性を反映させた「現代の焼き物」で国内外を問わず注目を集めています。私が二〇一二年に金沢21世紀美術館で企画した「工芸未来派展」の出品作家です。

梅花皮《かいらぎ》や石爆《いしはぜ》といった陶芸の伝統的な技術に基づきながらも、土づくり、成形、素焼き、釉薬掛け、本焼きと、いくつもの過程で化学変化を起こしながら生み出される陶器は、溶けたり、弾けたり、無数の突起が出ていたりする独特な形状です。

さらにはそこにメタリックやビビッドな配色を施し、金やプラチナのメッキでもデコレーションし、圧倒的なオリジナリティを放ちます。一度見ると忘れられない、それらがつくり出す桑田独自の視覚言語は、カテゴリーを超えて評価され、またそれと呼応するように、桑田自身の制作のスケールも大きくなってきています。

インターナショナルな美術の世界で評価されるのは、彼の作品が陶芸の伝統にしっかりと基づいているだけでなく、素材との徹底的な対話や変化の激しいこの現代に何を表現するのか、といったコンセプトを重要視しているからでしょう。

桑田は「今後は、器だけではなくレンガやタイルなどの建築的な空間表現も模索していきたい」と語り、新たな表現にも意欲を見せています。

舘鼻則孝（一九八五〜）

ファッションデザイナーであり、ファッションブランドNORITAKA TATEHANAのクリエイティブ・ディレクター、また現代アートの世界で活躍するアーティストでもあります。花魁の履く下駄をモチーフにしたかかとのないヒールレスシューズの作者としても知られています。

ヒールレスシューズは、世界的ポップスターのレディー・ガガがコンサートで使用する重要なアイテムのひとつであり、舘鼻の出世作です。東京藝術大学を卒業後すぐに評価され、専属シューズメーカーとなるために自身のファッションブランドNORITAKA TATEHANAを設立します。

東京の歌舞伎町の銭湯「歌舞伎湯」を営む家系に生まれ、鎌倉で育ち、日本文化に自然に親しんできたという背景があるからか、日本の遊女に関する文化研究とともに日本の古典的な染色技法である友禅染を用いた着物や下駄の制作を行ってきました。日本の伝統文化や伝統工芸の技術に再解釈を施して、現代にユニークな形で生かしています。

レディー・ガガのトレードマークでもあるヒールレスシューズによる、ショービジネス界での活躍をきっかけにして、早くから世界的に知られており、COMME des GARÇONS（パリ、ロンドンなど）での展示などを行っています。

二〇一六年には、パリのカルティエ現代美術財団にて人形浄瑠璃文楽の公演の初監督を務めるなど、伝統に現代的な解釈を新たに加えていくイベントなどにも積極的に関わっています。

ジェンダー、宇宙、身体、生命――主体的表現者としての女性

草間彌生（一九二九〜）

瀬戸内海に浮かぶアートの島、「直島」のアイコン的存在となっているのが、草間彌生の代表作「黄かぼちゃ」です。草間とはそのとき以来の縁ですが、常に精力的に制作する姿勢は九〇歳の現在も変わることはありません。

今や日本を代表する現代アーティストとして知られる草間。彼女の活動は、絵画に始まりコラージュ、彫刻、パフォーマンス、インスタレーションなど非常に多岐にわたります。別名「水玉の女王」。トレードマークである水玉の作品を一度は見たことがあるという人も多いのではないでしょうか。

草間は幼いころから、視界が水玉で覆われたり、花が話しかけてくるなどの幻覚や幻聴に悩まされていて、その幻覚や幻聴から逃れるために絵を描き始めたそうです。

ニューヨーク時代には、全裸の男女に水玉を描き、屋外でヌード・デモや、セックス、乱交をテーマにした過激なパフォーマンスやインスタレーションを披露するという「クサマ・ハプニング」を次々に仕掛け、一九五九年に発表した、始まりも終わりもなく、ただ網目が

反復する絵画シリーズ《無限の網》が、抽象表現主義が隆盛するニューヨーク・アート界でその独自性が高く評価され、前衛芸術家としてのキャリアを彼の地で華々しくスタートさせました。以後、一時期アートシーンから消えた時期もありましたが、再ブレイクを果たすなどして草間さんは現代アートの第一線で活躍し続けています。

草間作品の特徴は、網目模様や水玉模様などの同一のモチーフの反復によって絵画の表面や彫刻の表面を覆うこと。直島の《赤かぼちゃ》《黄かぼちゃ》のほかにもかぼちゃをモチーフとした作品がありますが、かぼちゃは彼女にとっての自画像であり、かぼちゃへの変身願望があったといわれています。そうした背景を知っていれば、見方も変わるかもしれません。

三島喜美代（一九三二〜）

新聞や雑誌、商標登録されたダンボール箱などを実物そっくりに焼き物で制作して、大量に展示します。他にもコカ・コーラやヱビスビールなどのアルミ缶を焼き物でそっくりにつくり、ときにはゴミ箱やケースとともに展示します。

三島が暮らしてきた時代は日本が戦後から立ち直り、経済成長していった時代やバブル経済の時代などと重なります。経済の繁栄を表すように日本にはものが溢れかえり、豊かさを実感しました。その一方で、読み終えた新聞や雑誌、使用されたダンボール箱などの廃棄物が大量に生み出され、世の中に溢れかえりました。繁栄の裏では公害が社会問題化しました。

こういった時代背景から三島は大量に廃棄される廃棄物を作品化していくことを思いついていったのです。それは大量にものが生み出され、消費されていく社会とそれを動かしていく人間の欲望への素直な驚きでもあります。

三島が興味をいだく廃棄を待つものばかりが山と積まれています。その評定は、まるで消費社会の幻影か亡霊のように我々の目に映し出されます。

かつて三島が制作を始めた六〇年代や七〇年代と現在とでは社会状況が大きく変わり、三島の作品の見え方や解釈の仕方そのものも変化してきました。

かつて大量に存在していた新聞紙などの紙ゴミや空き缶が、私たちの日常の場面から姿を消して廃棄物のリサイクルの仕組みに組み込まれていって、かつてのような余剰感が失われてしまいました。社会の邪魔者の代名詞として存在したゴミは、廃棄物、あるいはリサイクル用の物品と名称をかえて、社会を構成する物に変換されてしまいました。今の我々の眼には、三島の作品はどこかノスタルジックで、前時代の気配を伝えるユーモラスなオブジェに映ります。

六〇年代、七〇年代、八〇年代の日本美術の再評価の機運と中国を先頭にした東アジアの現代アートの台頭により、いち早くアジアから進出して、世界で評価された前衛アートの代表として草間彌生などと同様に再評価されています。

内藤礼（一九六一〜）

内藤礼は、ひそやかで繊細な造形作品と、ビーズ、糸、布、そして水や風などを配置した緊張感のある空間からなるインスタレーション作品などを作成するアーティストです。光による陰影、風の揺らぎ、水の流れ、見る時々で常に違う表情を見せ、気ままに変わりゆく自然を呼びこんだ、神秘的な作品が特徴的です。

内藤は、古民家など古い歴史を持つ建物から近現代建築まで、場をていねいに読み取り、作品にしてきました。瀬戸内海の豊島にある豊島美術館では、西沢立衛と協働、大きな水滴のような建物の中に風と水が流れるアートをつくっています。

内藤は二〇〇一年に、直島の家プロジェクトで「きんざ」と名付けた家に《このことを》という、自然光を受け入れる作品をつくったのですが、そのときから太陽の光とそれを受け取る人間について考えるようになったといいます。

直島にある築二〇〇年以上の古民家を改修、家とその敷地全体を含めて作品にした《このことを》では、自然が大きな要素として加わります。土壁の下の細い開口部から入る外光によって暗闇から次第に姿を浮かび上がらせる大理石の環、ガラスの球体やビーズ、天井から吊られた糸。それらすべてが響き合って、形づくられる空間は、光の具合で常にその表情を変えていきます。さらには、風や雨、匂いや音までもが自由に入ってきますが、そうした不安定で流動的な状況も作品の中に、そのまま受容することで、「内に閉じられた」と同時に「外へ開かれた」小宇宙、森羅万象を生成する場が誕生したのです。

ちなみに「きんざ」は、私が直島時代に手がけた三軒目の家プロジェクトでもあり、思い出深い作品です。

沖潤子（一九六三〜）

作品のオファーが世界中から殺到する刺繡アーティストが、沖潤子です。

おびただしい針目が古い布地や和紙の上を埋め尽くす作品は、狂気さえはらんでいるように見えます。

もともとはプロダクトデザインの仕事をしていましたが、亡くなった母親の大事にしていた古いリバティの布を自身の娘が切り、とても自由な発想で刺繍付きのバッグを作ってプレゼントしてくれたことをきっかけに、引き取っていた母親の洋裁道具や布を使って創作活動を開始しました。

古い布をつなぎ合わせ、長い時間をかけて針を刺していき、最後は石鹸で洗い、干す。そうした一連の作業を沖さんは、「参加する」「混ざる」という言葉を使って表現します。そうすることで、布が持つ歴史、手の記憶が呼び起こされ、沖の作品として新たな生を得るというのです。

下絵を描かずに施される細かな糸による針目は、縦横無尽に生地に広がり、刺繍とは思えぬほど濃密で力強い表情で鑑賞者を圧倒します。最近は、様々な「時間」とその中にある「物語」を象ったシリーズに取り組むなど、意欲的に刺繍の世界で活躍の場を広げています。

刺繍というある意味では女性的で日常的なものとの関わり方をアートにまで昇華したのが、沖のアートです。

塩田千春（一九七二〜）

ベルリンを拠点にグローバルな活躍をする塩田千春は、記憶、不安、夢、沈黙など、形のないものを表現したパフォーマンスやインスタレーションで知られています。中でも黒や赤の糸を空間全体に張り巡らせた圧倒的なインスタレーションは、彼女の代表的なシリーズとなっています。

生と死という人間の根源的な問題に向き合い、「生きることとは何か」、「存在とは何か」を探求しつつ、その場所やものに宿る記憶といった不在の中の存在感を糸で紡ぐ大規模なインスタレーションを中心に、立体、写真、映像など多様な手法を用いた作品を続々と発表。

代表作のひとつ《遠い記憶》は、豊島に常設で設置されているので、見ることができる作品です。《遠い記憶》では、もとは公民館だった建物の中央部に、トンネル状の通路を設置。不要となった家を解体した窓や扉を集めて通路をつくり、鑑賞者が内部を歩きながら、かつて、そこに暮らしていた人々が見つめていた風景の記憶に思いを馳せる作品です。

二〇一五年には第五六回ヴェネチア・ビエンナーレ国際美術展で日本代表に選出され《掌の鍵》を日本館で展示するなど、押しも押されもせぬ日本を代表する現代アーティストの一人です。

蜷川実花（一九七二〜）

写真家の枠を超え、映画、デザイン、ファッションなど幅広いジャンルで表現を続ける蜷川実花。写真家として、これまで木村伊兵衛写真賞ほか数々の賞を受賞。二〇一〇年には、ニューヨークの出版社リッツォーリから写真集『MIKA NINAGAWA』を刊行、世界各国で話題となりました。

二〇〇七年の初監督映画『さくらん』や、二〇一九年公開の『Diner ダイナー』など、映像作品や、自身のファッションブランド「エム／ミカニナガワ（M / mika ninagawa）」なども手掛けています。

かつて私が「ラブプラネット」というグループ展を岡山の旧小学校の校舎を使用して実施した際に、写真作品を出品してもらいました。それから様々な取り組みに挑戦して非常に幅広い作風で次々に新境地を切り開いてきました。

蜷川の作品の特徴は、やはりそのゴージャスな色彩にあり、コントラストの強い色彩をぶつけて、色彩の錯乱ともいえるような独特の画面をつくり出します。ときにファッショナブルに、ときに情念的に、多様な表情を見せる画像が魅力です。

スプツニ子!（一九八五〜）

「理系女子アーティスト」として注目を集め、ポップでユーモラスな作品世界を次々と繰り出しているスプツニ子!は、二〇一〇年、男性でも生理を体験できる器具を制作しました。ボディはシルバーで、腰の部分にまわして装着する。腹部側には鈍い痛みを伝える電極がついており、後部のタンクからは女性の五日間の平均月経量である八〇ミリリットルの血が流れるように設計されているものです。その利用シーンを収めた動画作品《生理マシーン、タカシの場合。》が評判となり、彼女は一躍、有名アーティストの仲間入りを果たしました。

一九年から私と同じ東京藝術大学で教えています。

テクノロジーの発展で宇宙旅行、遺伝子組み換え食品やインターネットなど多くの変化が私たちの生活にもたらされました。それにもかかわらず、なぜ女性は今も血を流しているのか、彼女はずっと疑問に思っていたそうです。

社会が男女平等に向けて動いていったとき、残ってくるのが生物学的な差異です。《生理マシーン》は、こうした「差」をテクノロジーで克服し、せめてこの気持ちを異なる性の人に伝えたいと思ってつくったという作品です。個人レベルの疑問と社会の課題を交差させたところに作品が生まれる、今の時代のアーティストです。

民族、少数派、多文化——ポストコロニアリズムのアート

エル・アナツイ（一九四四〜）

エル・アナツイは、ガーナ生まれ、ナイジェリア在住の現代アフリカ美術界を代表する彫刻家です。ガーナの技術大学で彫刻を学び、木彫の制作を始めてから、一九七五年にナイジェリア大学で教鞭を執るのを機に、同国にアトリエをつくり、そこを拠点に精力的な制作活動を続けています。一九九〇年には、アフリカの作家としてはじめて、ヴェネチア・ビエンナーレに参加。選外佳作賞を受賞したことから国際的に注目を集めるようになりました。

アナツイはもともと、ガーナの伝承や染色布（アジンクラ）、ナイジェリアの伝統的な装飾文様（ウリ）などに影響を受けた木彫や木のパネル、セラミックのオブジェなどを制作し、木を丸ノミやチェーン・ソーで削ったり、炎で焼き焦がしたり、彩色して施した大胆で繊細な表現を特徴としていました。その後、ヴェネチア・ビエンナーレで評価された後は、作風にインスタレーションの意識が生まれ二〇〇〇年頃からは、巨大なタペストリーを思わせるメタル・ワークの制作へと展開していきました。大量のワインやアルコール飲料の廃材キャップを、一つひとつ銅線でつないで編み上げてつくる巨大なメタルのタペストリーは、作家

が偶然、藪の中でアルコール飲料のボトルがつまったゴミ袋を目にしたことが契機となっています。

空間に吊るされ、彩り豊かな眩い光を放つ《メタル・タペストリー》は、廃材であったとは思えないような新たな姿に再生され、見る人を圧倒するダイナミックな作品になっています。大きなものは建物を覆うほどのものもあり、人の営みとその結果生まれたメタルのタペストリーによってダイナミックに変化する風景は美しくドラマチックです。

エミリー・カーメ・ウングワレー（一九一〇～九六年）

エミリー・カーメ・ウングワレーは、オーストラリアを代表するアボリジナルアートの画家です。アボリジナルアートとは、数万年もの長きにわたってオーストラリアの大地に暮らしてきた先住民、アボリジニが描くアートです。アボリジニは文字を持たなかったため、神話や先祖からの伝承を、岩絵や樹皮画として残していました。それがキャンバスにアクリル絵の具で描くようになると、まるで現代アートのような描画であると話題になり、世界に広まったのです。

アボリジニであるエミリーは、正規の美術教育を受けたことは一度もなく、学校にすらいったことがありませんでした。そして七〇歳を過ぎてから絵を描き始め、死去するまでの間に三〇〇〇点以上の絵画作品を残しました。エミリーの作品は、過去一〇年余りの間に一〇〇を超える展覧会に出品され、世界各地のコレクションに納められています。また、ヴェネチア・ビエンナーレのオーストラリア館で特別出品されたほか、一九九八年にはオーストラリア国内の主要な美術館を巡回する大規模な個展が開催されています。

そのようなエミリーの活躍もあり、オーストラリアではアボリジナルアートが国のアイデンティティを象徴するものとして空港や国会議事堂の正面玄関を彩っています。

エミリーなどのアボリジナルアーティストの評価によって、多文化主義が単なる政治的なパフォーマンスを超えて魅力ある世界になりました。

井上有一（一九一六〜八五年）

すでに亡くなって久しいのですが、触れておかなくてはいけないアーティストですので掲載しました。

井上有一は、日本あるいはアジアの伝統的な芸術でありながら、現代アートの中ではまったくといっていいほど評価されることのなかった書を世界的なアートシーンで問うた前衛書家です。生前から評価が高かったのですが、私自身も金沢21世紀美術館で回顧展を開催し、二〇一八年はパリの「ジャポニスム2018」の一環として「井上有一　書の解放」展を開催するなどして、海外を含めて再評価が著しい前衛書家です。

大きな筆を使って描くパフォーマンスや一つの文字を書く書などは、井上有一を始めとする前衛書家が始めたものです。井上の書く文字は、表現主義的な抽象画と見紛うほど、激しい気迫と筆致で描かれ、文字と絵画のギリギリのせめぎあいの中から生まれた形態の痕跡としての書です。六〇年代、七〇年代の欧米の抽象表現主義やアンフォルメル運動などとも呼応し、日本にいながら手紙などのやり取りを通じて互いに切磋琢磨しました。前衛書に影響を受けた欧米の抽象画家たちもいたほどです。

ドクメンタやサンパウロ・ビエンナーレにも招待出品するなど、国際的にも活躍しました。井上たちの努力により、エキゾチックで東洋的な表現として位置づけられていた書は、世界的な芸術表現として評価されて、世界のアートの流れの中で語られていきました。井上にとっては、文字を書くことは、自己表現の方法であるだけでなく、自己鍛錬の場であり、他者との対話の場でもあります。そして古い因習と伝統の残る書を開かれた表現の場所として開放しました。井上は、世界に通じる新しい芸術としての書を確立したのです。

柿沼康二（一九七〇～）

「書はアートたるか、己はアーティストたるか」を命題にして、現代の書を探求しています。柿沼のスタンスは、歴史によって培われてきた伝統的な書の世界を守りつつも、そこから現代アートの世界にまで可能性を広げていき、独自の世界を追求している点にあります。

筆者が金沢21世紀美術館館長時代に個展を開催しており、ホワイトキューブ空間における巨大な書の表現による空間インスタレーションを展開して話題となりました。

柿沼の持ち味は、伝統的な書に精通しつつも、超特大の筆によるダイナミックなパフォーマンスや音楽家とのコラボレーションを果敢に実践しているところにあり、書作品自体の魅力と同様に、本人のパフォーマンスの表現力にも定評があります。どんなに過激に体を動かして描いても身についた書法による筆の運びの美しさは際立っており、墨の痕跡も独特のみずみずしさや透明感を持っています。伝統的な書に精通したファンが納得する力量を持っている現代の書家です。ＮＨＫ大河ドラマ「風林火山」（二〇〇七）や北野武監督映画「アキレスと亀」、角川映画「最後の忠臣蔵」などの題字で柿沼の文字を知っている方もいるかも知れません。二〇二〇年東京オリンピック・パラリンピックの公式アートポスターの制作アーティストに決定しています。

世界で注目を浴びる中国のアーティストたち

艾未未《アイウェイウェイ》（一九五七〜）

艾未未は中国の現代美術家で、彫刻、インスタレーション、建築、キュレーティング、写真、映像など表現領域が多岐にわたるだけでなく、社会評論家、政治評論家、文化批評家としても活動しています。

二〇〇八年に行われた北京オリンピックのメイン主会場、北京国立スタジアム（通称・鳥の巣）の建設の芸術顧問として携わったことでも知られています。

政治活動家、社会活動家としても有名で、自由と民主主義を理想とする彼は、中国政府のスタンスを公然と批判しています。そうした活動からか、二〇一一年四月には、北京首都国際空港で「脱税容疑」で逮捕され、八〇日以上拘束されたこともあり、現在も、海外渡航、メディアとの接触を制限されています。それでも彼は屈することなく社会問題への発言を続けています。

蔡國強《ツァイグオチャン》（一九五七〜）

蔡國強は、中国出身、ニューヨーク在住の現代美術家で、一貫して火薬を用いた作品制作を行うほか、中国文化に由来するものを使ったインスタレーションを多く手がけているほか、様々な美術展覧会の企画を行うキュレーターとしても活躍しています。

爆破した火薬の痕跡で描いた幅二四メートル、高さ八メートルもの巨大な《夜桜》や、鮮やかな色彩表現を加えた四点組の火薬絵画《人生四季》。さらには四〇メートル以上の長さのある展示室いっぱいに九九匹のオオカミが透明なガラスの壁に向かって繰り返し突き当たる様を作品化した《壁撞き》などが高く評価され、今や世界の現代美術界を代表する一人となっています。

ちなみに《夜桜》は、日本美術院を創設した岡倉天心門下の横山大観の《夜桜》などに着想を得たもの。蔡は、異なった文明や社会や人々が互いに調和・共存するための手段としてアートを捉えています。

テクノロジー、科学、環境、地球、宇宙と現代アート

ジェームズ・タレル（一九四三〜）

タレルは、アメリカを代表するランド・アートのアーティストです。ランドアートとは、岩、土、木、鉄などの「自然の素材」を用いて砂漠や平原などに作品を構築する美術のことで、規模の大きなものは、アースアート、アースワークなどとも呼ばれます。

タレルの代表作は、まさしく地球規模のアートで、アリゾナの山ひとつをそのまま作品化した《ローデン・クレーター》は、彼のライフワークとなっています。タレルが、光を知覚する人間の作用に着目し、普段意識しない光の存在を改めて認識させようとするインスタレーションを多数制作していることは、直島の《南寺》のところでも紹介しましたが、ほかにもタレルは、暗い壁に光を投射して、触れそうで重さもありそうな「光のかたまり」が壁から飛び出ているように見せたり、天井が開いた部屋で空の光の色が時々刻々と変わっていくさまを見せ、それに補色の光を加えて空の色を濃くしたり変えたりする作品を制作しています。日本でも直島の《南寺》のほか、同じ直島の地中美術館、金沢21世紀美術館や新潟県十日町市の光の館に、彼の作品が展示されていますので、是非一度、体験してください。

オラファー・エリアソン（一九六七〜）

光や水、霧などの自然現象を自在に変容させ、見る者に新しい知覚体験を与える作品で世界的に高く評価されているのが、アイスランドの芸術家、オラファー・エリアソンです。

彼を有名にしたのが《ウェザー・プロジェクト》シリーズと呼ばれるインスタレーションでした。このインスタレーションではまず、タービンホールの壁の上方に半円形のオレンジ色の照明でできた巨大な沈まない太陽を掲げ、さらに加湿器を設置して砂糖と水を混ぜ合わせた霧を発生させます。タービンホールの天井には一面に鏡が貼られていますので、半円形の照明が天井に反射して円形に輝き、鑑賞者たちは強烈なオレンジ色の光の中、天井に小さな黒い影のような自分たちを見ることができます。

近年は「エコロジー」をテーマにした自然を再構築したインスタレーションや、彼のルーツであるアイスランドの風景写真から建築やデザインのプロジェクトなど、環境や社会に対するアートの多面的な可能性を探求し続けています。

宮島達男（一九五七〜）

「Art in You（芸術はあなたの中にある）」をコンセプトに、発光ダイオードを使用したデジタルカウンターや、コンピュータグラフィックス、ビデオなどを使用した作品も手掛けているアーティストです。

東京藝術大学在学中から作品発表を開始し、一九八〇年代には街頭でのパフォーマンスや家電製品などを利用したインスタレーションなどを行っていましたが、一九八七年にはじめてLEDを使用した作品を発表。翌八八年には、ヴェネチア・ビエンナーレの「アペルト88（若手作家部門）」に出品した、暗い部屋の床一面に発光ダイオードの数字が明滅する作品《Sea of Time》が高く評価されて国際的に知られるようになりました。

宮島は、家プロジェクトの一軒目として公開された「角屋」にも協力してくれました。母屋に入ると、水の張られたプールの中でLEDデジタルカウンターが光る《Sea of Time'98》は、直島町民がデジタルカウンターのスピードを設定、町民が作品制作に関わることによって完成したもの。この作品によって、島の人々にも現代アートを理解してもらうことができました。

アニッシュ・カプーア（一九五四〜）

ヨーロッパのモダニズムとインド文化を融合させ、彫刻を神秘的空間に変貌させる独創的な現代彫刻家がアニッシュ・カプーアです。その作品はシンプルな形状の立体ですが、表面に光を反射する金属や光を吸収する染料などを用いており、見る者の視覚に強い影響を与えるのが特徴。シンプルなフォルムの中に深い精神性を表す作品が多く、「物質」と「非物質」、「明」と「暗」など、一つの作品に二重の意味合いを込めた「両義性の作家」とも評されています。

ヒンドゥー教の世界観に影響を受け、立体の表面を鮮やかな顔料で覆う《1000の名前》や、ステンレス、漆といった素材を作品に取り入れ、「湾曲」をキーワードに視覚、知覚を刺激する多様な表現を展開。「スケール」を重視して、奇抜な巨大彫像を次々に発表したりもしています。

日本でも二〇一八年、別府で国内最大規模の展示が行われました。そのときは日本初公開となった代表作の《Sky Mirror》が野外で公開され、光を反射し空を映し続けるその姿が、あたかもこの場所にポッカリと突然空いた異世界への入り口のように見えると話題になりました。

名和晃平（一九七五〜）

デジタル画像の「Pixel」と、生物の最小構成単位である「Cell」をかけ合わせた独自の制作概念「PixCell」をもとに作品を発表しているアーティストが名和晃平です。「PixCell」の概念を基軸に、発泡ポリウレタン、ガラスビーズ、プリズムシートといった多彩な素材が持つ特性と、最先端の技術をかけ合わせた彫刻制作、空間表現を行っています。

鹿の剥製などをガラスビーズで覆った《PixCell》シリーズ、人体の3Dスキャンに様々なエフェクトを施すことで制作した彫刻作品シリーズ《Trans》シリーズ、「情報・物質・エネルギー」をテーマに、仮想の三次元空間の中で造形を行った、高さ一三メートルに及ぶアルミニウム製の巨大彫刻《Manifold》などを手掛けてきました。

私も関わった日仏合同プロジェクト、フランスで行われた「ジャポニスム 2018」では、公式企画の一環として、パリのルーブル美術館にあるガラスのピラミッドで新作《THRONE》を披露。高さ一〇メートル以上、重さは三トンにも及ぶ巨大彫刻がパリジャンの話題を呼んでいました。

八谷和彦（一九六六〜）

佐賀県出身のメディアアーティスト。主な作品に、向かい合う相手の視覚・聴覚を自分のものと交換する装置《視聴覚交換マシン》や、電光掲示板の明滅する光を専用のビューアーでのぞくことで、インターネット上に存在するたくさんの人々の日記を目視することのできる《見ることは信じること》があります。近年、注目されたのが、アニメーション作品『風の谷のナウシカ』の劇中に出てくる架空の航空機「メーヴェ」の機体コンセプトを参考に、本当に飛行可能な航空機として試作、試験飛行を行うプロジェクト《Open Sky》です。

ナウシカが操る「メーヴェ」はグライダーであると同時に、ジェットエンジン付きの飛行機という特殊な設定となっています。想像の産物としては非常に面白いですが、現実的ではないかもしれない。しかし、本当にメーヴェが大空を舞ったらどんなに夢があるでしょうか。

八谷は、そんな夢物語をかなえるべく、メーヴェを現実の飛行機として開発したのです。様々な規制のハードルを越えて、二〇一六年、長年の努力が実って高度約一〇〇メートルの上空での飛行に成功しました。まさに夢を形にする人なのです。二〇一九年はアメリカで飛行実験を行っています。

（本文・敬称略）

秋元雄史（あきもと・ゆうじ）
1955年東京生まれ。東京藝術大学大学美術館長・教授、および練馬区立美術館館長。東京藝術大学美術学部絵画科卒業後、作家兼アートライターとして活動。1991年に福武書店（現ベネッセコーポレーション）に入社、国吉康雄美術館の主任研究員を兼務しながら、のちに「ベネッセアートサイト直島」として知られるアートプロジェクトの主担当となる。2001年、草間彌生《南瓜》を生んだ「Out of Bounds」展を企画・運営したほか、アーティストが古民家をまるごと作品化する「家プロジェクト」をコーディネート。2002年頃からはモネ《睡蓮》の購入をきっかけに「地中美術館」を構想し、ディレクションに携わる。開館時の 2004年より地中美術館館長／公益財団法人直島福武美術館財団常務理事に就任、ベネッセアートサイト直島・アーティスティックディレクターも兼務する。それまで年間3万人弱だったベネッセアートサイト直島の来場者数が2005年には12万人を突破し、初の単年度黒字化を達成。2006年に財団を退職。2007年、金沢21世紀美術館館長に就任。国内の美術館としては最多となる年間 255万人が来場する現代美術館に育て上げる。10年間務めたのち退職し、現職。著書に『武器になる知的教養 西洋美術鑑賞』『一目置かれる知的教養　日本美術鑑賞』（ともに大和書房）、『直島誕生』（ディスカヴァー・トゥエンティワン）、『おどろきの金沢』（講談社+a 新書）、『日本列島「現代アート」を旅する』（小学館新書）等がある。

アート思考

ビジネスと芸術で人々の幸福を高める方法

2019年10月31日　第1刷発行
2022年 9 月23日　第4刷発行

著　者　秋元雄史
発行者　鈴木勝彦
発行所　株式会社プレジデント社
〒102-8641 東京都千代田区平河町 2-16-1
平河町森タワー 13F
https://www.president.co.jp
電話　編集（03）3237-3732
販売（03）3237-3731

編　集　渡邉 崇
企画協力　ランカクリエイティブパートナーズ
構　成　石田章洋
販　売　桂木栄一　高橋 徹　川井田美景　森田 巌　末吉秀樹
装　丁　秦 浩司（hatagram）
制　作　関 結香
印刷・製本　中央精版印刷株式会社

ISBN978-4-8334-2336-6　Printed in Japan